SHARING
ECONOMY

空谈误国，实干兴邦

一本书读懂

分享经济

荆 涛

/著

中华工商联合出版社

图书在版编目(CIP)数据

一本书读懂分享经济 / 荆涛著. -- 北京：中华工
商联合出版社，2016.11

ISBN 978-7-5158-2000-2

Ⅰ.①一… Ⅱ.①荆… Ⅲ.①商业模式－基本知识
Ⅳ.①F71

中国版本图书馆CIP数据核字(2017)第 104942 号

一本书读懂分享经济

作　　者：	荆　涛
策划编辑：	胡小英
责任编辑：	邵桃炜　李　健
封面设计：	周　源
责任审读：	李　征
责任印制：	迈致红
出版发行：	中华工商联合出版社有限责任公司
印　　刷：	三河市宏盛印务有限公司
版　　次：	2017年5月第1版
印　　次：	2017年5月第1次印刷
开　　本：	710mm×1020mm　1/16
字　　数：	180千字
印　　张：	13.5
书　　号：	ISBN 978-7-5158-2000-2
定　　价：	42.00元

服务热线：010-58301130
销售热线：010-58302813
地址邮编：北京市西城区西环广场A座
　　　　　19-20层，100044
http://www.chgslcbs.cn
E-mail: cicap1202@sina.com(营销中心)
E-mail: gslzbs@sina.com(总编室)

工商联版图书

凡本社图书出现印装质量问
题，请与印务部联系。

联系电话：010-58302915

在移动互联网时代，人们的生活和工作方式发生了巨大的变化，车辆、房屋甚至时间都可以成为一种共享资源，一种因分工衍生共享的新经济形态——分享经济逐渐走入了人们的视野，逐渐成为我们生活中的一部分。分享经济彻底颠覆了传统产业的经济模式，开创出一个全新的分享经济时代。

追根溯源，分享经济应该算是一种很古老的经济模式，早在1978年，《美国行为科学家》杂志上就对其进行过一番论述，只是当时分享经济这种模式被称为"协同消费"或"合作式消费"。

分享经济的概念被广泛传播和接受，是在2008年金融危机发生后开始的。这一年，智能手机和APP兴起并开始进入人们视野，大数据和云技术不断发展，分享经济模式的实践者Airbnb应运而生，之后又相继涌现出一批分享经济的追随者，如短租行业的蚂蚁短租、租车行业的滴滴顺风车等。

分享经济的发展与经济危机有很大的关系。因为经济危机，人们的收入减少，于是，他们对自己买了太多"无用"物品有了更深刻的领悟。为了补贴家用，人们决定将自己家闲置的房间、汽车等放在互联网平台上，以获取一定的收入。这就是分享经济最初的缘起。

分享经济是一种新的商业模式，它能最大限度地利用人们的闲置资源，让这些闲置资源在市场上获得最好的价格，理论上可以使全国范围内甚至全球范围所有的家庭都能赚钱。分享经济蕴含着巨大的潜力，它对闲置资源的利用比较符合人类社会的趋势。因此，分享经济在2008年以后大放异彩，充分展现出强大的生命力，在世界各地以几何级速度扩展开来。

虽然分享经济的发展至今已有8年多，但很多人仍对其概念感到陌生，不过它给我们的生活带来的便利却是人人都有享受到的。在分享经济时代，人人皆可参与共享，无论是房子还是技能，都可以分享给他人并从中得到回报。

分享经济这种颠覆性的商业模式如今已改变了全球的经济格局，该模式的领军者如Uber、Airbnb等共享企业的身价水涨船高，分享经济模式的拥趸也逐渐庞大起来。随着互联网及移动设备的普及，全球消费者对分享型经济的需求日益增长，消费者对分享经济的呼声也越来越高。

分享经济是带动中国经济发展的新路径之一，政府将发展分享经济提升到了规划层面。国家大力支持分享经济的发展，鼓励个人闲置资源再利用，滴滴出行、小猪短租等大批国内分享经济模式的创新创业企业逐渐迎来了发展热潮。

　　目前，分享经济这场颠覆性的商业革命已席卷全球。作为创业者，如果你想更好地了解分享经济，借鉴国内外成功的分享经济企业经验，就有必要沉下心来阅读本书。本书为您展示了分享经济的概况及分享经济的七种领域，包括交通出租、旅行住宿、照料护理、美食共享、健康医疗、知识技能和家政服务。

　　移动互联网开启了分享经济模式，分享经济是一场深刻的革命，它不仅会影响各种行业，还会深刻地影响我们的生活习惯与行为，给社会带来新的秩序。同时，也会给每个行业、每个人以新的机遇与挑战。

　　分享经济时代已真实到来，它为我们带来了不一样的世界，也是中国社会经济未来发展的必然趋势。创业者想要成功登上胜利的顶峰，就要把握大势，顺势而为，站在分享经济的风口上。

　　关注作者微信：jingtao360、jingtao898。

荆涛

CONTENTS **目 录**

第1章

分享经济：旧的时代谢幕，全民共享启航

第2章

交通出租：别让你的车躺在家里睡大觉

第3章

旅行住宿：长居短住，体验不一样的空间

目
录

第7章

知识技能：将自己的认知盈余及时变现

第8章

家政服务：家政懒得做？我们的服务够专业

一本书读懂
分享经济

第1章

分享经济：

旧的时代谢幕，全民共享启航

与移动互联网时代相随相伴，中国经济也从短缺经济进入供应过剩，当现代人在认知与物质方面有了双倍盈余后便想要在社会之间进行传导和互助，于是分享经济就诞生了。网络技术的发展降低了人们共享的成本，廉价的共享资源比以往更容易获得，越来越多的人也愿意参与进入，这标志着旧的时代谢幕，全民共享开始启航。

1.1 移动互联网开启分享经济模式

经历了近40年的发展，互联网催生了三波新经济浪潮，第一波浪潮是虚拟经济，即网络经济；第二波浪潮是电商以及O2O经济；第三波就是分享经济。

互联网诞生后，随着信息搜索成本的下降，共享范围逐渐变大，分享不仅只限于熟人之间，而是可以在任何网络中发生。尤其是到了移动互联网时代，支付体系和信誉体系的不断完善使实物共享和信息共享能够变现。也就是说，共享成为一种经济现象，能够为人类创造社会价值，这充分说明，移动互联网的到来标志着共享经济（也称分享经济）模式正式开启。

进入分享经济时代后，物品的"占有权"属于谁并不重要，重要的是你能否用到它。分享经济的本质是"以租代买"，它实际上是一场产权革命。2011年，美国《时代周刊》提出分享经济是改变世界的十大想法之一，借助移动互联网浪潮，分享经济开始大行其道。

在移动互联网时代，产品是谁的，已不再重要，关键是它归谁使用，产品的占有权和使用权分离不但提升了社会资源的利用率，还提高了社会运作效率。随着社会化大生产的发展，很多国家的社会资源都出现了严重的"过剩"，互联网的利用则能将这些资源进行回收和再利用。

在分享经济时代，有一技之长的人就可以通过互联网共享平台，找到与自己相匹配的工作，可以根据自己所擅长的来支配自己的时间，根据自己的兴趣爱好制定目标，做自己想做的事情。在分享经济时代，人们的生活与工作融为一体，是社会稳步进步的一种表现。

如今，主流产品不是物品、货物，而是抽象的思想、情感；主流工作不再是朝九晚五，而更多的是技能、精力、能力的体现，这种共享模式让人们的职业变得更多元化，自由职业渐渐兴起。

传统的商业模式是"劳动者—企业—消费者"，而分享经济模式是"劳动者—共享平台—消费者"（如图1-1所示），照此发展，未来，企业也将消失，剩下的是拥有不同资源和需求的人以及不同的共享平台。

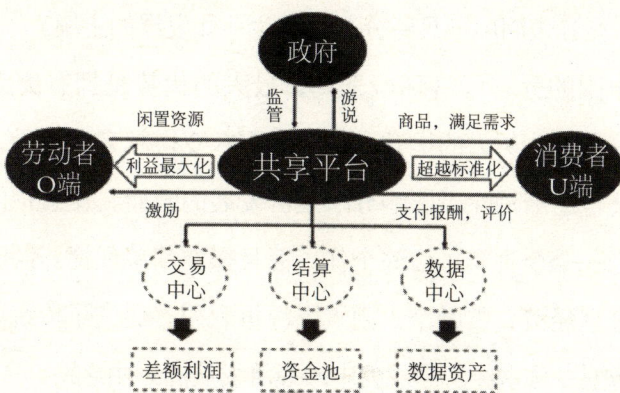

图1-1　分享经济商业模式基础架构

无论是从生活角度还是从经济角度观察，人追求的最高境界是自由，分享经济时代会解放出很多"自由人"，大量"自由人"和"消费者"的聚集使供求双方有了更自由的选择，这样就大大提升了经济运行的效率。

　　分享经济具有一定的灵活性，任何人随时都可以参与，并从中获得一定的收益。在充满不确定性的时代，人人都在变化中寻找机遇。只要你拥有经验、技能，通过一部手机就能为自己的资源带来一定的收入。

　　分享经济时代，全职工作不再是你的身份标签或唯一的收入来源，你可能同时还具有Uber司机、Airbnb房东等身份，通过这些分享经济平台，你可以根据自己的实际情况，不仅可以将自己的时间、技能和金钱交换出去，还能找到适合自己的生活方式。除此之外，你还能通过不同平台交到不同圈子的朋友，获得新的技能和职业机会。

　　据预计，2025年全球分享经济的市场规模将达到3350亿美元，年均复合增长率将达到36%，在未来3～5年内，中国的分享经济规模将达到全球第一，充分表明中国具备分享经济生存和发展的土壤。

　　对于中国的分享经济环境来说，最大的优势是拥有庞大的人口基数，随着消费者购买力的提升，消费者需求变得越来越多元，而互联网的飞速发展也逐渐消除了影响分享经济发展的阻碍，使虚拟的交互在交易中能成为一个个真实可信的个体，而且操作简单便捷。同时政府大力支持发展分享经济，鼓励个人闲置资源再利用，促进了传统产业向新兴产业进行转型，分享经济已成为中国经济发展的必由之路。

　　实际上，任何一种新事物的诞生都会面临很多挑战，在法国就曾发

一本书读懂 分享经济

生出租车司机全体罢工抗议Uber的事件。分享经济会涉及很多环节，如交易安全、诚信体制等环节，这些环节必须完善到一定程度，分享经济才能真正繁荣起来，这也是我们努力的方向。

分享经济启示录

面对资源短缺与闲置浪费共存的问题，分享经济借助互联网，快速将各类分散的闲置资源进行整合，准确发现消费者的多样化需求，对供需双方进行快速匹配，从而大幅度地降低了交易成本。

1.2 政府大力提倡分享经济发展

2016年，分享经济成为"两会"代表和委员会谈论的话题。分享经济的诞生是对发展经济学的一种贡献，让民众公平、有偿地共享一切社会资源，共同享受经济红利。从经济学的角度来看，分享经济关键在于让资源得到充分利用，使经济效率达到最大化，而使用科技和技术就能将资源利用得最好、最有价值，比如网络约车（如图1-2所示）就是将闲置资源充分利用起来，是发展新经济的形态之一。

图1-2　网络约车

全国人大代表、上海经信委副主任邵志清表示，分享经济的发展是以人为本，发展的目的是为了让人民的生活得更好，共享改革发展的成果。很多民生改善和公共服务都要均等化，这是民生领域的一种协调，同时还能避免造成贫富差距。

分享经济的理念是共同拥有，而不是占有，本质是互助和互利。分享经济包括投资、金融、交通等一系列创新创业发展的新理念和新模式，它是全民参与的一种商业模式，这种协同式工作生活方式对人们的诚信提出了更高的要求。

国家提出了创新、协调、绿色、开放、共享的发展理念，目标很清晰，走的是正路，只有共享才能实现可持续发展，改革开放的成果就是要与大家分享，减少贫富差距，只有人民得到了红利，国家才能实现长治久安。

例如在交通出行领域，很多城市都出现了网络约车平台，顺风车的出现，为民众带来生活便利的同时，还减少了城市交通拥堵。前交通部部长杨传堂表示，网络约车和出租车有一个共同的特点，都是为公众提供运输服务。从现有的法律和法规来看，没有取得运营许可的人和车辆是不能对外提供客运服务的，若想促进新生事物的发展，国家和政府必须为网络约车的服务方式提供一个合法的出路，才能让其更好地适应"互联网＋"的发展需求，并要制定一套管理制度，以便更好地促进经济社会的发展。

十八届五中全会提出实施"互联网＋"行动计划，发展分享经济（也称共享经济），充分说明国家现阶段发展创新的重要支撑就是互联网与大数据的利用，它是提高政府治理能力的重要手段，而网络约车等为代表的共享交通就是实现高效便捷出行的分享经济模式。除了共享交通外，还出现了共享金融、共享饮食等新形式，无论个人还是机构，只要拥有闲置的资源，都可以有偿让渡资源使用权给他人，让渡者获取回报，分享者通过将闲置资源分享给他人来创造价值。

分享经济带来的这种协同式工作、生活方式，对人们的诚信和安全也提出了更高的要求。因此，政府必须要做好分享经济立法工作的协调工作，加强分享经济重点领域的立法，建立符合中国分享经济发展的法律体系，不断完善行政法规和地方法规，才能推进分享经济的更快更好发展。

2016年，发改委、科技部、环保部等十个部门共同制定了《关于促进绿色消费的指导意见》（以下简称为"意见"），明确提出了支持发展分享经济，鼓励个人闲置资源有效利用，有序发展网络预约拼车等，创新监管方式，完善信用体系，这是继服务消费后，新消费再度迎来国家和政府的支持。分享经济成为亮点，有望成为促进绿色消费的催化剂。

2016年5月25日，李克强总理在贵阳召开的中国大数据产业峰会上表示，分享经济不仅是在"做加法"，更是在"做乘法"，能有效降低创业创新的门槛，充分利用闲置资源，从而形成新的增长点，为经济注入一股强劲的动力。

可见，国家和政府大力提倡分享经济发展，为发展分享经济创造了更好的环境，这种新经济形态会为促进绿色消费和绿色发展提供源源不断的动力。

从长远来看，不管政府还是企业、民众，要一起为分享经济的繁荣创造良好的生态，建立绿色、健康的行业新秩序，才能及时解决分享经济发展中不断出现的新问题。

分享经济启示录

在中国经济发展与探索的实践中，资源分享蕴含着巨大的发展机遇。随着全球范围内分享经济的发展快速拉动了经济的增长，人们通过分享和协作的方式进行创业创新降低了门槛和成本，速度更快，大大有利于扩展中国经济的新领域。因此，分享经济受到了国家和政府的重视，国家和政府大力提倡分享经济的发展，提高资源利用率，鼓励更多人参与分享、富裕起来，这说明分享经济的风口已经来临。

1.3 消费者对分享经济的呼声渐高

中国正在经历一个全新的商业时代，如今的消费者已逐渐从效率低下的传统企业转向投入分享型企业的怀抱，如房屋共享企业Airbnb、座驾共享企业Zipcar等，来获取他们想要的产品和服务，这些企业最大的优势在于，消费者可以在这些平台上以相对较低的价格满足他们的需求。

随着共享型企业的不断崛起，消费者已不再像过去那样单纯地购买商品，而是开始了彼此间的分享，这对传统企业来说是一种打击，也是一种破坏。与传统经济相比，分享经济最大的优势就是价格低廉，消费者有需求时无须购买所有权，只需用低廉的价格购买暂时的使用权。

商品分享这一概念人们早已不再陌生，但借助数字技术的发展，消费者利用互联网将分享经济带到了另一个高度。通过互联网，消费者不仅可以轻松找到他们所需的商品，还可以将自己闲置的资源分享给他人（如图1-3所示），获得一定的经济收入。

图1-3 将闲置资源分享给他人

由此不难看出，传统企业和消费者之间的界限正不断弱化，现在的消费者自己开始扮演着创造者、生产者等角色，他们逐渐放弃了传统的商品购买方式和服务，转而在互联网上寻找分享服务。方便、高效且价格低廉的共享方式大大满足了他们的需求。

小A没有自己的车，每天上下班都需要等公交车，有时候遇到堵车常常要等很长时间。一次偶然的机会，他搭上了一辆顺风车。在聊天中，他们发现两人都住在同一个小区，上下班的时间点都差不多，小A觉得搭顺风车比公交车方便多了，就向对方要了联系方式。从此以后，小A再也不用等公交车了，直接搭顺风车就能上下班。

事实上，很多消费者决定尝试某种分享型经济服务或商品最初的起因都是因为省钱。在已使用分享型经济的人中，如果能省钱，很多人还是比较愿意回归传统的商业模式。由此不难看出，价格是消费者转向分享经济的主要驱动力。

除此之外，消费者从传统商业模式转向分享型经济的另一个原因是便捷，这是传统商业模式很难与之竞争的一点。很多成熟企业面临的主要挑战就是便捷性，而这正是分享型公司的优势所在，分享型服务的价值主张关键在于他们能够提供按需随选、支持网络、即时获取的产品和服务的能力上。

一般来说，消费者开始尝试的都是自己比较熟悉的分享型经济品牌，比如Uber、Kickstarter等，这些共享型平台都是某个领域的巨头，它

一本书读懂 分享经济

们往往拥有较高的品牌认知度，消费者先对他们品牌产生信任，继而认可他们的产品和服务。

分享经济启示录

当实体经济状况不断萎缩时，消费者便逐渐从线下走向线上，从局域消费走向无边界消费。在这种情况下，消费者对所有权的态度发生了巨大的变化，很多人开始选择分享经济式的消费，这种新的商业模式帮助他们节约购买成本的同时，还增加了收入。互联网技术的发展使分享经济的实现成为可能，越来越多的人愿意参与到分享经济中，享受分享经济带来的红利。

1.4 改变当然冒险，但不变肯定会死

分享经济在本质上是以租代买，将资源的所有权与使用权进行分离，借助互联网匹配更多需求，将闲置资源充分利用起来，在提高供需效率的同时为用户创造更多的价值。分享经济与以往任何一次创新浪潮有些不同，它在给共享型企业和个人带来利好的同时，对传统企业带来的却是巨大的冲击。

正如《新资本主义宣言》（*The New Capitalist Manifesto*）一书中指出的，如果传统消费减少10%，共享消费就会增加10%，那么，传统企业的利润率就会受到很大的影响，如果传统企业不改变，很可能在这轮经济浪潮中被淘汰。

站在风口上，猪也能上天。实际上，这里说的"风口"就是"势"，没有这个"势"，就会变成一潭死水，这是非常可怕的。所以，企业现在站在分享经济的风口上，分享经济就是中国经济未来的发展趋势，传统企业应该顺势而为。对于传统企业来说，改变当然冒险，但不变肯定会死，那么，传统企业该如何应对分享经济之"势"呢？

1. 与分享经济类企业进行合作，开拓新的销售渠道

在众多传统企业中，有些传统企业已经看到了分享经济的潜力，但没有实力建立自己的分享经济模式，这样的传统企业可以转换一下自己的思维，尝试利用分享经济为自己带来更多的顾客或收益。

传统企业可以与分享经济企业进行合作，将其作为自己的一种新的销售渠道。

2012年，酒店行业巨头万豪集团与办公室共享企业LiquidSpace公司进行合作，将万豪酒店闲置的会议室资源通过LiquidSpace公司（如图1-4所示）销售给有需要的创业者和小微企业们。结果效果非常好，万豪集团认为，与LiquidSpace公司进行合作帮助他们了解了新生代消费者的需求，招揽到了一批新客户。

一本书读懂 分享经济

图1-4　LiquidSpace公司网站首页

2. 灵活部署资源，加强服务

传统企业利用分享经济企业除了将其作为销售渠道外，还可以作为新的服务资源，不仅可以进一步扩展服务范围，也可以为企业提供了更多的选择，例如企业在业务繁忙的时候可以按照自己的需求，使用共享型企业额外的服务资源。

美国有机食品超市全食利用分享经济配送服务商们提供配送服务。2014年9月，全食超市与共享物流配送公司Instacart达成合作，在美国15个城市提供1小时内到达的配送服务。使用Instacart公司的服务后，大大加强了全食超市"最后一公里"的配送能力，按需使用的配送方法使全食超市的客户平均采购量呈上升趋势，是之前自有配送的2.5倍，每周销售额也增加了150万美元。

3. 参股分享经济企业

对一些传统企业来说，分享经济是新生事物，他们虽然很想参与其中，但需要考虑的方面却很多，如战略、资源、能力等，往往不知道从何处开始下手。在这种情况下，很多传统企业都会采取战略性投资的方式，投资与自身业务相关或与自身业务可以产生"化学反应"的分享经济企业，这样不但能提升自身的业务能力，加强业务合作关系，还能进一步了解分享经济的商业模式，优化传统企业自身的学习曲线。

如果被投资企业的业务不理想，传统企业作为战略投资者也可以及时做出退出的选择，即使在财务上有一些损失，也不会对公司整体业务和士气产生太大的影响。

4. 收购兼并分享经济企业

传统企业向分享经济转型或进入分享经济领域的第四种途径是采用直接收购兼并的方式，这也不失为一项好的策略，尤其是在竞争激烈、受分享经济冲击比较大的传统行业，比如租车行业。

2013年1月2日，租车巨头安飞士巴吉集团以5亿美元的价格收购了分享经济企业ZipCar公司。收购完成后，安飞士巴吉集团CEO尼尔森表示，过去他对汽车共享服务持排斥的态度，但现在他意识到了分享经济对传统业务十分有益。通过与Zipcar公司的联合，安飞士巴吉集团在美国及全球的增长潜能得到了显著的提高，能够更好地为各类消费者及运营需求提供服务。

一本书读懂 分享经济

5. 提升品牌形象

分享经济提倡分享美好事物、将闲置资源再利用等理念，这与现代企业需要经济、社会、环境的"三重底线理论"非常吻合。欧美发达国家的很多企业都在寻找适合自己企业特性的可持续发展战略，很多传统企业都争先恐后地推出共享资源，如保护环境、支持旧物回收等服务，大大提升了自身的品牌形象。

6. 创建新业务

如果传统企业已拥有非常庞大的客户群和强大的品牌，觉得自己有足够的创新实力和风险对抗能力，也可以利用分享经济思维直接创建新的业务。

连锁企业沃尔玛为了解决物流配送问题，与联邦快递等物流公司建立了合作关系，但成本较高。后来，沃尔玛模仿TaskRabbit、Instacart等配送公司的配送方式，设计了一种新模式，让消费者扮演"配送员"的角色。通过充分利用"富余"运力，沃尔玛在美国50家门店提供了这种共享配送服务。

7. 扩展核心，防御挑战

根据"颠覆式创新"之父克莱顿·克里斯坦森的理论，传统企业面临颠覆时应该充分知道，在现有业务中哪些部分是脆弱的、哪些部分拥有最强的抵御能力、哪些拥有保持其优势的能力称为"可扩展核心"。传统企业只有充分了解自己的核心优势是什么，才能进一步对自己的优势进行巩固，从而防御来自新进入者的颠覆。

　　分享经济的到来，给传统行业带来了前所未见的竞争者，传统行业想要生存下去，就要通过变革来提升自己的竞争力。对于传统企业来说，拥抱分享经济一定要有开放的数据平台，与"互联网+"结合起来。只有具备这些因素，传统企业才有可能转型成功，否则，传统企业在探路分享经济的道路上会面临诸多困难。

分享经济启示录

　　分享经济作为互联网下的新经济形态，正悄然改变甚至颠覆着传统商业模式，从最初的交通、租住渗透到金融、教育等多个领域。当国家层面提出发展分享经济，让每个人都有在共享平台上创业的机会，传统企业也将面临更大的冲击力。在分享经济浪潮中，传统企业必须顺势而为，采用相应的措施，积极应对，通过主动的自我颠覆来占领或创造新的市场。

1.5 移动终端+"互联网+"+存量高效激活+ 万众参与=分享经济

移动互联网时代，人与人之间的沟通和交流变得简单快捷，很多信息和资源成了共享资源，在资源共享的过程中，资源提供者和资源使用者都能获得经济红利。资源提供者不仅获得了经济利益，还认识了新朋友以及新朋友带来的其他资源，资源使用者则能以相对较低的价格满足自己的资源需求。

分享经济作为一种新的经济模式，人们很享受这种通过资源共享带给自己的额外福利。在这种共享模式下，人与人之间更容易建立一种健康的相互信任关系，其自我保护意识和产权观念也会潜移默化地发生改变，相互之间的合作意识也会更强。

分享经济的产生是需要一定条件的，主要包括移动终端、互联网+、存量高效激活和万众参与，只要满足这四个

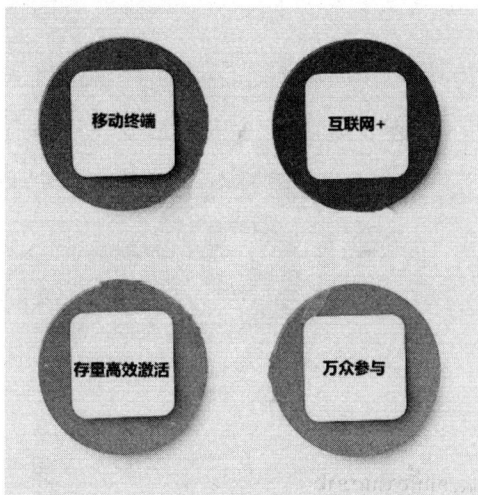

图1-5 分享经济的四个条件

条件（如图1-5所示），分享经济就会自然而然地产生了。

"互联网+"可以理解为互联网+传统行业，它代表的是一种新的社会形态，在这种模式下，互联网能充分发挥其在社会资源配置中的优化和集成作用。基于"互联网+"，各行业和领域通过移动互联有了更多纵横交错的连接，出现了很多与"互联网+"有关的创新创业模式，如O2O、C2C、C2B、P2P等，这些模式中有些又是分享经济"协同共享资源"形式的实现。

互联网+和分享经济的共同作用不只是用于创新创业企业，更是创造美好生活的推手。

分享经济是将你闲置的物品提供给别人，为别人带来可利用的价值，而你也能从中获得一定的经济利益，这与"互联网+"以互联网为框架，建立平等、共享的社会新秩序不谋而合。

分享经济主要包括闲置和共享两个方面，无论个人还是企业，在一段时间内都会产生闲置的资源，在传统观念里，这些闲置的资源是属于拥有者"自己的"，人们很少也不习惯将"自己的"东西分享给他人，因此在一定程度上就会造成闲置资源的浪费。

而与他人共享，就能重新激活闲置的资源，将其再利用起来。在共享过程中，物品的所有权不会变，你的东西还是属于你的东西，只不过在你不需要它时，可以将它的使用权暂时交给别人，这样你也可以从中获得一定的经济利益。

分享经济不是创造新的资源，而是将原本就存在且在一定时间内闲置不用的资源给需要的人，将资源重新利用。在移动互联网时代，借助移动终端的快捷和便利，通过互联网平台能重新激活更多的闲置资源，使人们能够快速交流与共享，让闲置资源的价值得到最大程度的发挥，同时也使更多闲置资源的提供者得到更多的经济利益，这就是分享经济。

2015年，政府推出"大众创业，万众创新"的相关政策，大大推动了创业创新经济的发展，通过分享、协作的方式进行创业创新，不但降低了门槛和成本，还提高了效率，有利于推动分享经济等新领域的扩展，让更多大众草根参与进来。

现在，每个人手中至少拥有一部智能手机，都有闲置的物品，这些闲置的物品有可能正是他人需求的。所以，只要借助一个平台，每个人都可以参与到分享经济中。从另一个角度来看，分享经济的核心是资源共享，所以，分享经济必然是一个万众参与的模式，在这个模式中，每个人既可以是闲置资源的拥有者、提供者，也可以是他人闲置资源的使用者。

分享经济启示录

移动互联网改变了世界，将很多不可能变成可能，更多的资源都可以通过互联网的形式链接起来，重新焕发出新的生命活力，在这种情况下，分享经济浮出了水面，并借助移动互联网得到快速发展。在分享经济浪潮中，很多企业和个人都找到了新的商业机会，越来越多的人参与到共享中并获得了收益。分享经济的商业模式是中国市场经济发展的必然趋势，在这场新浪潮中传统企业只有转型才能获得生存。

第2章

交通出租：

别让你的车躺在家里睡大觉

在移动互联网和支付功能都不发达的年代，汽车共享一直被制约着，直到近些年来汽车共享的理念和实践才逐渐被接受和使用。更低的打车费用、更方便的打车服务让汽车共享成为市场的宠儿，同时也成就了 Uber、滴滴出行等一众出行领域的巨头。此外，专车、租车和拼车等用车类平台在资本的扶持下也实现了快速发展。未来，汽车共享将改变人们的出行方式，彻底分离汽车的拥有权和使用权，形成一种全新的交通生态。

2.1 Uber：开启分享经济的寒武纪时代

在全球范围内，估值能够超过500亿美元的互联网初创企业凤毛麟角，作为分享经济模式的代表，Uber已经跻身这个行列。自2009年3月成立至2016年5月，Uber这家诞生成立仅7年的企业已经获得了超过82亿美元的融资，公司业务成功登陆68个国家的444个城市。

Uber借助移动终端的发展使全世界的出行方式发生了根本的革新，不仅让人们感叹以后不再需要一辆私家车，还让曾经交通状况拥堵不堪的大城市提升了交通效率，甚至连空气质量也有了改善。

在Uber的带动下，分享经济的旋风被吹了起来，引来大批创业者前来掘金。就像五亿年前寒武纪时期的生命大爆发一样，Uber的诞生拉开了分享经济寒武纪时代的序幕，继Uber后又出现了各种形态的共享模式及一批批类似的创业公司。

一个连续创业者的成功之作

与大多数科技公司的创始人一样，Uber（优步）的创始人兼CEO特拉维斯·卡兰尼克从小就是一个计算机爱好者，还在上小学时卡兰尼克就已经学会了编程，高中毕业后的卡兰尼克进入加利福尼亚大学洛杉矶分校读书。

1998年，21岁的卡兰尼克从大学辍学，开始了他的第一次创业。卡兰尼克与六位朋友共同创办了Scour.com网站，Scour.com原本定位于搜索引擎，但最终却发展成为一个P2P文件下载资源的搜索引擎，这为卡兰尼克的失败埋下了伏笔。

2000年，由于侵犯版权，Scour.com遭到29家公司的起诉，索赔金额高达2.5亿美元。卡兰尼克根本不具备赔偿的能力，那段时间里卡兰尼克每天都游走在各家公司之间进行劝说。幸运的是，原告最终撤销了起诉，同意庭外和解，Scour.com支付了100万美元的赔偿后被迫关闭。

2001年，经过短暂休息后的卡兰尼克开始了他的第二次创业。在第一次创业的原班人马基础上，卡兰尼克又找来一些新的合伙人共同创办了一家科技公司，公司的主要业务是为企业提供服务，他们利用自己的技术提高企业传输文件的速度，同时帮企业节省服务器开支。

然而，这次创业也不顺利，不仅创始团队面临散伙的问题，合伙人企图带着开发团队跳槽到索尼，公司的资金链也遭到重挫，卡兰尼克最大的投资人同时也是NBA达拉斯小牛队的老板马克·库班要求撤资。

在卡兰尼克的坚持下，他的公司逐渐步入正轨。2007年，一家技术公司出资1900万美元将卡兰尼克的公司买下，30岁的他终于挖到了人生的第一桶金。

实现了财富自由的卡兰尼克并未满足，他依然在寻找下一个商业点子。2008年，卡兰尼克参加了在欧洲举办的LeWeb年度科技大会，这期间，一次偶然的等车经历让他找到了创业的方向。在一个下着大雪的夜晚，卡拉尼克在巴黎街头等出租车，但很长时间过去了一辆车都没有来。卡兰尼克突发奇想，我们现在或许正缺少一款这样的应用软件：按个按钮就能叫到车。回到旧金山后，卡兰尼克马上就行动了起来，于是Uber诞生了。

Uber帝国的商业模式

传统的出租车营收模式是客户下车前将车费以现金的形式支付给司机，对于出租车行业来说，客户的车费就是他们唯一的收入来源。在这一点上，Uber也同样如此。众所周知，基本上所有科技企业的营收来源都不止一个，比如腾讯，它的营业收入来源有网游、会员服务、广告业务等。但Uber仅凭单一的营收来源就做到了超500亿美元市值的规模，正是因为其运营模式、业务模式和营收模式都非常与众不同，甚至可以说是独一无二的，下面从几个方面具体来分析一下其商业模式。

1. 产品丰富，面向所有群体

针对希望以最小的经济代价获得更优质乘车服务的用户，Uber设计了Uber Taxi产品，向他们提供租车服务；而对喜欢乘坐中端车辆的用户，Uber可以选择Uber X或Uber Black；对于那些不差钱的用户Uber

一本书读懂 分享经济

SUV可以为他们提供高端商务车租车服务。总之，无论用户想要租什么样的车，Uber都可以找到。

除了租车服务外，Uber还为用户提供了其他形式的出行服务，比如轮渡、直升机，虽然有这种需求的用户不多，但Uber还是顾及到了这部分市场。2016年2月，Uber在泰国曼谷推出了Uber Moto，向用户提供摩托车出行服务。

2. 完善的互联网叫车解决方案

（1）叫车

相对于传统的线下叫车或电话叫车，Uber采用移动端应用叫车的方式简化了用户叫车，人们只需要在智能手机中安装Uber的APP，就可以实现即刻叫车操作，还可以提交其他时间的用车需求。

（2）配对

当用户的用车请求提交之后，Uber就会以通知的形式发送给离用户最近的司机，司机有权接受或者拒绝订单，如果司机拒绝接单，那么用车请求就会传送给附近的另一位司机，直到有司机接单为止。

（3）乘车

配对成功后，用户可以查看司机信息，以及司机的行驶路径，Uber还可以显示司机预计抵达的时间。用户上车之后，Uber的APP中内置的计价器就开始工作。Uber司机除了要保障将乘客安全送到目的地，还被要求保持友好的态度，以及为乘车人提供舒适的乘车体验。

（4）支付与评分

在将乘车人送达目的地之后，用户可以用电子支付的方式支付车费，省去了找零的麻烦。如同网购后用户可以对商品、商家服务、物流进行评价一样，Uber也会对司机的服务进行评分。通过Uber的评分系统，用户在打车之前对司机的服务能有所了解，有利于在乘车人和司机之间建立起信任。Uber的评分系统已经成为其商业模式中的顶梁柱。

3. 开创出租车行业"涨价"模式

卡兰尼克并不认同价值决定价格，所以Uber推出了针对不同的时间段给出租车制定不同价格的一套系统，当人们的打车需求上涨的时候，Uber车辆的每公里车费就会自动提高。在2013年12月纽约州暴风雪期间，由于可提供服务的车辆比较少，Uber的车费也水涨船高，最高时涨到了平时价格的8倍。这也引起了不小的非议，但卡兰尼克回应道："你想使供应完全满足需要，你就要利用价格来平衡供需。"如今，Uber的定价技术已经日渐成熟，并在美国获得了专利权，成为其商业模式中重要的组成部分。

4. 从旧金山到全美再到全世界

创立初期的Uber主要业务是对闲置出租车资源进行整合，向消费者提供租车服务，那时它还不叫Uber，而叫作UberCab。2011年5月，美国运管部门以没有相关出租车公司执照为理由向UberCab开出了20000美元的罚单，这也促使了卡兰尼克将UberCab改名为Uber，并专注于中高端租车市场。这期间，Uber以旧金山为基点逐渐向其他城市扩张，西雅图、费城、檀香山、丹佛等二十多个美国城市都逐渐出现了Uber专车的身影。

随着资金增多以及用户需求的积累，Uber先后又布局了加拿大多伦多以及墨西哥城等租车市场，整个美洲市场被打开了。在欧洲，Uber以伦敦为起点进行布局，2013年11月，随着Uber进入莫斯科，东欧市场也被打开了。

在亚洲，Uber用了不到半年的时间分别进入了新加坡，以及首尔、台北、香港、东京和上海等城市，其扩张的步伐紧促而有序。

2016年11月27日，旧版本优步APP将全面停止在中国提供服务，全面进入中国市场不足三年的Uber与中国正式告别。

分享经济启示录

毫无疑问，Uber革新的不仅仅是出租车行业，它的出现建立起了一种全新的商业模式——分享经济模式，并且证明了这个模式下可以做出像Facebook一样优秀的企业。很多人都在复制Uber的商业模式，而且通过创新发展，在各自的领域中建立起了成功的初创企业。

2.2 滴滴出行：做合作司机，赚丰厚收入

Uber进入北京时，卡兰尼克曾亲自到北京来为Uber造势，一方面是因为中国市场十分庞大，令卡兰尼克不得不重视，另一方面也是最重要的原因，就是当时这个市场已经被滴滴出行（原滴滴打车）占据了大半江山，Uber作为一个外来挑战者，如果不能立足，等待它的结果就是被"赶跑"。

根据中国互联网络信息中心（CNNIC）发布的《专车市场发展研究专题报告》显示，截止到2015年年底，专车市场中滴滴已经占据了87.2%的市场份额。而猎豹全球智库发布的打车APP排行榜再一次验证了滴滴的领先，数据显示，滴滴的活跃用户是Uber中国的7倍。

实际上，在中国市场上挡在Uber面前的这座大山才成立不足四年。在互联网的世界里，四年的时间可以改变很多事情，滴滴从寻找技术合伙人到线下业务的开展，再到同竞争对手抢夺用户，最终成功突围，成为一只名副其实的独角兽。滴滴的成长路径已经成为中国分享经济模式的教科书，无论对于创业者还是分享经济模式下的从业者，滴滴出行都可以引起我们足够多的启发。

三级跳式发展

从2012年6月北京小桔科技有限公司成立，到2016年4月滴滴出行获

得苹果10亿美元投资，滴滴的发展大致可以分为三个阶段：

1. 拓荒阶段

滴滴的创始人程维创业前在阿里巴巴工作，主要负责线下工作的他对技术可以说是一窍不通，为了把产品尽快做出来，程维选择把产品开发的工作外包出去，因为这样可以节省出找技术合伙人的时间，毕竟他认识的非技术出身的创业者90%以上都找不到技术合伙人。

程维很快就找到了一家外包公司，谈的时候程维问："做一个打车软件多少钱？"没想到得到的答复却是"你想要多少钱的"并且对方直接拿出三个方案，价格分别是6万、8万和10万。由于程维对技术上的东西一点不懂，就像买手机似地挑了个8万的中端产品。

两个月后，对方交付产品，程维被告知这个软件只有50%的概率可以响应，就是说用户平均呼叫两次，司机师傅才能看见一次。这样的产品一旦上线肯定会被用户骂死，程维狠了狠心就把它扔了，并安慰自己，人总要为自己不了解的领域付出代价。

既然技术外包不靠谱，程维便决定一门心思地找技术合伙人。程维尝试了很多方法，他找曾经的同事要来了一份在北京工作的技术人员名单，然后一个个地去谈，结果一个人也没有拉来。程维甚至还经常跑到百度这样的大公司去挖墙脚，约里面的员工吃饭、喝咖啡，但依然没人来投靠他。

功夫不负有心人，突然有一天，一个微信群里面的朋友跟程维说有一个合适的人选，愿意和他谈一下。程维赶紧约了对方见面，没想到对方曾经任职于百度，当时程维就认定了他就是滴滴需要的人。这个人就是滴滴联合创始人兼CTO张博。程维跟张博谈完，马上就给他的天使投资人王刚打了一个电话说："我收到了上天给我的礼物。"

有了合伙人之后，产品上的问题就不再让程维牵肠挂肚了。在张博带领研发团队的努力下，滴滴的产品在功能和用户体验上不断优化，到了2013年年底，滴滴在应用商店中已经很少有关于产品功能上的负向评论了，用户下载量保持平稳上升。

2. 野蛮生长

从2014年到2015年这一年左右的时间，滴滴的用户增长显著提速，从互联网租车行业里的新兵一跃成为行业大佬。我们来看一下这一年滴滴都做了些什么。2014年第一季度期间，滴滴通过微信支付补贴，不断刷新单日最高订单量的记录，最高达到521.83万单；在第二季度中，滴滴红包现身朋友圈，将新的出行理念深入渗透到用户的生活之中；第三季度，滴滴推出了滴滴专车和积分商城，滴滴专车凭借优质的体验和专业的服务深受市场的欢迎，积分商城更是将为用户省钱做到极致，通过与近百家知名企业合作，覆盖了用户生活的各个方面；第四季度中，滴滴在"双十二"、平安夜、圣诞节、跨年夜等一连串的节日都实现了订单量激增，滴滴借机重金补贴司机和乘客，俘获用户的心。

2015年1月，滴滴用户数突破1.5亿人，高峰期的日订单量达1217万单，滴滴由此确定了自己打车行业江湖霸主的地位。

3. 业务多元化发展期

2015年，打车行业最大的事情莫过于滴滴和快的合并，由于补贴大战使双方都很难盈利，最重要的是因为双方各自有腾讯和阿里的撑腰，谁都打不死对方，显然握手言和是最好的选择。合并之后，新公司实施联合CEO制度，滴滴打车CEO程维和快的打车CEO吕传伟同时担任联合CEO，双方独立运营。

合并之后，滴滴不必再费尽心思地与对手进行周旋，有了更多精力放在产品上，从2015年5月到7月之间，滴滴相继上线快车、顺风车、滴滴大巴和代驾业务，业务覆盖了所有的用车场景，一个一站式出行平台已经初具规模。

滴滴司机收入丰厚

北京的李先生是一家互联网公司的职员，每月收入一万元左右，由于怀孕的妻子即将生产，李先生的压力也越来越大。为了给妻子多买些营养品及给即将出生的孩子多赚点奶粉钱，李先生打算利用空闲时间做点兼职。

2015年1月，李先生在滴滴专车公司办理好手续后，成为一名滴滴兼职专车司机，每天早上5点到8点、晚上6点到9点，以及假期的空闲时间开专车。虽然休息的时间少了，但是一个月下来，李先生发现通过兼职滴滴专车挣得钱都快赶上自己的工资了，这让他非常兴奋。

滴滴专车是滴滴2014年8月19日推出的定位于中高端打车产品，面向高端商务出行人群提供打车服务。多数情况下，滴滴专车通过与租赁公司合作，滴滴提供平台、信息和客户源，租赁公司提供车辆和司机，双方合作完成专车服务。实际上，也有不少滴滴专车的司机开的是自己的车，挂靠在一家汽车租赁公司名下，从事滴滴专车工作，李先生就是这种情况。

自滴滴专车上线以来，来滴滴公司登记专车服务的司机越来越多，有一段时间甚至把滴滴专车公司的楼道挤得水泄不通。

陈先生以前的职业是司机，给公司老板开车，每月拿固定的工资。从朋友那儿听说做滴滴专车司机每月可以挣一万以上，如果干得好甚至能拿几万块钱。2015年3月，陈先生辞掉工作，注册了滴滴专车，成为一名专职司机。

当时，滴滴的补贴政策对司机起到了很大的激励作用，最好的时候，如果司机一周接满80单就可以得到8000元奖励，那时候很多专车司机每天从早上8点干到晚上11点，每周都能挣到一万多。不过后来滴滴与快的合并之后，以及滴滴快车的推出，滴滴专车的补贴力度削减了很多。

分享经济启示录

滴滴出行抓住分享经济模式的主线，尽管一路走来非常艰辛，最终还是登上了行业顶峰。中国打车行业市场的潜力巨大，虽然中国私家车拥有量在持续上升，但并未达到美国那样普及的程度，所以市场需求依然庞大。另外，从节能减排的角度来看，滴滴出行主打的分享经济模式也是大势所趋，未来或将得到政府的支持。

2.3 PP租车：以用车的形式来养车

在中国，围绕车的相关市场空间可以说是非常巨大的，在市场需求的催促下，关于车的市场玩法也在不断升级，除了以滴滴出行为代表的打车、专车、拼车，租车也越来越受到市场的欢迎。在租车领域，最炙手可热的莫过于P2P租车模式。这种模式能火起来的很大原因是它符合分享经济的特点，大城市中私家车闲置的概率很高，造成了资源浪费，而P2P租车模式可将私家车的利用率大幅提高，在方便租客的同时也为车主带来了收益。

P2P租车（如图2-1所示）领域已经诞生了很多家企业，其中PP租车的规模最大。PP租车（英文名iCarsclub）是一家最早创立于新加坡的共享租车公司，2013年10月PP租车将"汽车共享"的商业模式带入中国。PP租车的特点是自己不拥有车辆，但利用分享经济，可以使车辆租价比传统租车便宜

图2-1　张丙军和他的PP租车

30%～50%。

实际上，P2P租车模式是租车行业中最难做的一种，因为最大的问题是租车的风险，汽车作为车主的重资产，一旦发生车祸或车辆丢失等情况，将会带来很糟糕的产品体验；另一方面，拥有中高端汽车的车主对于租车带来的收益并不感兴趣，如何打开这片尚未开化的市场也是一个问题。

越是艰难的市场，越容易成为创业公司突围的突破口。PP租车自2012年10月成立以来，经过3年多的发展，已经成为P2P租车行业的佼佼者，并成功于2015年下半年完成5亿人民币的C轮融资，这对于此前一直不被看好的P2P租车行业是一个振奋人心的消息。

P2P共享租车与滴滴、快的等几乎同时起步，但发展势头却一直落后，有些企业甚至还在退步，凹凸租车、宝驾租车都曾经大规模裁员，CoCar更是以倒闭告终。

PP租车的风险解决方案

PP租车的租车方式是：车主及租客通过注册PP租车成为会员，租客有用车需求时发送申请，PP租车根据地理位置推荐可供租用的车辆并通知车主，车主同意出租后，租客在手机指引下找到汽车并通过"智能盒"（由PP租车事先安装）打开车门，完成租车过程。

由于PP租车的租车模式为"要车不要人"，这就导致了车主承担的风险与收益不匹配。众所周知，私家车主都有一个常识，就是尽量不把车借给朋友，因为麻烦太多，而把车租给一个陌生人带来的麻烦更是有

一本书读懂 分享经济

过之而无不及，违章、剐蹭、事故、加油等一系列问题都需要解决。大多数车主都不会为了区区几百元的租车费惹来一身的麻烦。

为了撬开这片市场，PP租车的做法是：将车主的风险降为零。说起来简单，但真正把车主的风险降下来并不是那么容易的，为此，PP租车采取了多重措施，为车主的爱车保驾护航。

1. 网络实时监控车辆

对于租出去的爱车，车主一定会担心车辆的安全，发生事故怎么办？车辆丢失了怎么办？被租客卖掉怎么办？要解决这些问题，对车辆进行实时监控是必不可少的手段。PP租车采用GPS设备为出租车辆定位，车主注册PP租车后，工作人员会上门登记，为车主安装GPS设备。此外，工作人员还会检查车辆的状况，比如划痕等，避免租车过程中发生不必要的纠纷。

GPS设备的安装位置非常隐蔽，且形状、数量都不尽相同，主要是为了防止有人故意拆卸。通过GPS设备，车主可以实时了解车辆的位置，并通过设备可以远程解锁/锁闭车门。PP租车的工作人员还可以采集车辆的时速和行驶轨迹等信息，如果GPS设备被拆卸，PP租车的后台会发出警报并启动风控预案。

当然，PP租车的GPS监控设备不是免费的，但不会直接向车主收费。设备的工本费为500元，收费方式为车主完成第一单后，从车主的收益中扣除，如果租金不满500元，则只会扣除租金的50%，剩下的部分在以后的租金中陆续扣除。

2. 专业的风控团队

PP租车的定位类似于媒人，经媒人介绍的男女发生矛盾后往往由媒人出面来解决问题，这一点PP租车也是如此。在PP租车内部有一个风控团队，他们专门负责保障车辆的安全，如果租客暴力驾驶、不遵守租车协议甚至发生租客把车卖掉的事情，PP租车风控团队就会立刻行动，"拯救"车主的爱车于水火。

PP租车的风控团队并不轻松，现实中，有不少租客为了一时过瘾，专门租豪车或跑车，然后去飙车。还有些租客在租车前答应用车范围只在本地，租到车了就不遵守承诺开到外地。这些行为都是车主不愿意看到的，PP租车风控团队为了车主能放心租车，对车辆采取了严格的看管措施。一旦PP租车风控团队发现车辆停放在4S店、修车店、当铺、二手车市场等地方时，他们会先打电话给租客询问具体情况，如果感觉到情况不对，他们会根据GPS的定位前往车辆所在地进行"抢救"，必要时会强行收车。

在现实的租车过程中，暴力驾驶和买卖租赁车辆的现象是不可避免的，成立这样一支风控团队非常必要。正是有了这支保障车主利益的快速反应部队，车主才更愿意加入到PP租车的平台上来，租车这块共享市场才得以打开。

3. 最高100万元的保险理赔

经过前面两层设防，可以杜绝大部分租车过程中的风险，但是依然难免出现一些特殊状况。如果风控团队没有及时达到现场，车辆被租客卖掉，或者出现交通事故导致车辆报废，这样的损失总不能让车主来承

一本书读懂
分享经济

担吧。

在PP租车刚出现的年代，针对这部分风险的保险产品还没有出现。在PP租车CEO张丙军的游说下，中国人民保险公司率先向他伸出了橄榄枝。如今PP租车平台上的车辆最高可享受100万元的保险保额，每一辆车都可以享受这个额度，对于大部分赔偿事宜，这份保险都能够解决。

以往P2P租车模式行不通的主要原因就是租车过程中的风险无法得到解决，而有了完善的风控机制和保险理赔机制作为后盾，解决了大部分车主的担忧，也保证了车主的利益，这样的机制也在一定程度上制约了那些少数有着不良企图的租客。

前景可观

未来，P2P租车模式将成为大趋势。现代社会中，汽车已经成为人们出行的主要交通工具，但是如果中国的每一个家庭都至少拥有一辆私家车，也会造成很多问题。一方面，目前中国社会的基础设施仅能容纳3亿辆车，现实条件不允许每一个家庭都拥有私家车。2015年，中国的汽车限购城市达到了8个，还有5个城市也在准备实施限购政策。另一方面，随着人们环保意识的增强，更多的人会在节能减排上行动起来。经济条件好的人拥有多辆车，但是他们不能买来干净的空气，通过车辆共享，可以使一部分人不用再购买汽车，所以他们都会愿意加入到P2P租车的队伍中来。

汽车是一种消耗品，与其让它闲置，不如租出去，以用车的形式来养车，这一点已经得到越来越多的车主认可。PP租车2012年的调查显示，有17%的车主认可P2P租车的模式，到了2015年，若家中有车并长期闲置，有55%的受访者愿意把车租出去。对于未来，张丙军满怀信心，并表示中国私家车保有量已经过亿，即便只有10%的车主愿意出租，这个市场中也有1000万辆车可供租赁，比传统租赁行业的车辆保有量高出很多。

在"共享"汽车市场引燃火爆的现在，神州租车、首汽约车、滴滴租车相继获得了网约车牌照，然而PP租车却另辟蹊径，2017年3月7日，PP租车品牌战略升级发布会在北京举行。PP租车CEO张丙军宣布PP租车正式升级为START共享有车生活平台。升级后的START将持续专注共享有车领域，实现从租车工具型定位向体验式共享有车生活方式的转变，将提供更多豪华车型供用户选择。

分享经济启示录

对于全社会来说，车辆的持有量不是越多越好，而在于充分利用起来。PP租车提供了一套完整的私家车高效利用解决方案，尽管前期开拓市场困难重重，但一旦这个模式被证明可行，那么将来一定会成为潮流。

一本书读懂
分享经济

2.4 神州租车：打造中国最大的出租车公司

在中国租车行业中，除了以PP租车为代表的轻资产阵营，还有以神州租车为代表的重资产阵营。相比于PP租车，神州租车需要通过买车—养车—租车—卖二手车这样的循环来运营，对资本的需求巨大。

神州租车自2007年成立以来，仅用了7年时间就在香港成功上市，在净利润逐年上涨的同时，又与优车科技展开合作，推出神州专车，进入了专车市场。一路走来，神州租车除了从美国退回上市申请遭遇了小小的尴尬之外，其在资本市场可谓走得一帆风顺。

2014年9月19日，当陆正耀带着他的神州租车以"中国租车第一股"的姿态出现在香港联交所时，这已经是他创业的第20个年头，前面的几次创业，要么公司倒闭，要么被卖掉，而这一次，陆正耀的目标是把神州租车做到行业第一，致力于成为中国最大的出租车公司。

"租车狂人"的修炼法则

陆正耀是福建省屏南县人，1987年考入北京科技大学，毕业后获工学学士学位。1994年，工作了三年的陆正耀辞职开始创业，那时候正是通信产品市场火热的时代，陆正耀紧握机遇，很快便尝到了甜头。他的通信代理公司业务越做越大，最好的时候公司拥有数百名员工和上亿的

第 2 章 交通出租：别让你的车躺在家里睡大觉

039

年销售额。

来得快去得也快，到了2004年，通信产品市场竞争已呈白热化，市场上随便"捡钱"的时代已经一去不复返。或许是看清了自己身为代理商的宿命，陆正耀果断卖掉了公司。这次创业，陆正耀为自己积累下了充裕的资金。

卖掉公司后的陆正耀去了加拿大，有一次，陆正耀的车在路上抛锚了，他只好求助于美国汽车协会（American Automobile Association，简称AAA），AAA很快派来了救援车辆，解决了陆正耀的大麻烦，良好的服务让他印象深刻。

这段国外的经历让陆正耀刻骨铭心，同时也让他感慨国内怎么就没有能够提供这种服务的公司，于是他计划将AAA的模式引入国内。2005年8月，陆正耀创立了联合汽车俱乐部，主要提供汽车救援、汽车维修和汽车保险服务。

联合汽车俱乐部采取的是轻资产运作模式，同模式的携程获得成功后，资本市场对这种模式似乎也很是偏爱，联想投资甚至主动找上门来要投资陆正耀的公司。2006年7月，陆正耀获得了800万美元的投资，投资方分别为：联想投资、美国CCAS公司和美国KPCB基金。拿到投资的陆正耀意气风发，但保监会的一纸规定让联合汽车俱乐部的前途黯淡了下来。最终联合汽车俱乐部还是失败了，但陆正耀对车的情结更深了，他决心下次创业还要进军汽车市场。

2007年8月，陆正耀开始第三次创业，他创立了神州租车控股有限公司。不幸的是，全球金融危机的来临让陆正耀的融资变得极为艰难。

由于资金续不上，神州租车的车队规模无法扩大，规模经济效应难以发挥，公司无法实现赢利。在那段时间，陆正耀白天四处找投资，晚上回到办公室继续思考着神州租车的未来。

陆正耀靠以前积累起来的口碑，使神州租车在金融危机期间从联想投资那里得到了很大的资金支持。同时，陆正耀也修剪公司的边边角角，大力压缩职能部门，节省资源，确保业务正常运转。后来，陆正耀形容神州租车的这段时间为"内部长征"。

渡过这段艰难的岁月后，神州租车迎来了春天。2010年下半年，联想控股以"股权+债权"形式向神州租车注资合计12亿元，持股超过51%。不过陆正耀在神州租车的身份也发生了变化，最大的股东已经是联想，陆正耀更像是一个职业经理人。对此，陆正耀并不在意，他表示："如果我老考虑'这个公司还是不是我的'这个问题，那么神州租车将很难成功。"

事实也证明，陆正耀的所有心思都在把神州租车做大做强上。联想控股注资后，神州租车主动发起价格战，向行业内的其他公司正面宣战，陆正耀也因此得到了"租车狂人"的江湖称号。

2012年1月18日，神州租车向美国证券交易委员会提交F1文件申请赴美上市。陆正耀对神州租车抱有很高的期望，但神州租车的上市计划在三个月后就夭折了。一方面，中国的概念股在美上市的大环境不好，财务状况屡受质疑，股价持续走低，神州租车不愿股票被低估。另外，从路演的结果来看，神州租车计划中的IPO发行量只获得了大约一半的认购，其中大部分为散户。显然，如果勉强上市，神州租车很可能成为垃圾股。4月25日，神州租车宣布暂停首次公开募股，随后撤回了上市申请。

赴美上市失败并没让陆正耀心灰意冷，反而更加激起了他的斗志，放弃上市计划后他便埋头在全国市场跑马圈地。神州租车的车队规模不断扩张，行业地位迅速攀升。2014年9月19日，神州租车在香港上市，成为中国汽车租赁行业上市第一股。

未来更美好

2015年1月26日，神州租车和优车科技展开合作，联合推出"神州专车"代驾专车服务。神州专车定位于中高端群体，主打中高端商务用车服务市场。不同的是，神州专车将全部使用神州租车自有的租赁车辆，并和专业的驾驶员服务公司进行合作，同时还有多重优惠，为用户提供"不仅安全，更加便宜"的用车服务。

2015年，神州租车以其亮眼的财务数据，再次显示出称霸中国租车行业的野心。数据显示，2015年神州租车总营业收入达50.03亿元，净利润达14.01亿元，相比去年取得了大幅度的增长。神州租车董事局主席兼CEO陆正耀表示，"除了利润上的增长，神州租车还通过技术创新实现了在价值链上的战略性扩张，这一点更为重要。"

在汽车租赁行业最关键的车队规模上，神州租车的实力也是有目共睹的。截至2015年年底，神州租车车队规模为91179辆，运营车队规模为83168辆车，均处于行业领先地位。而在二手车出售方面，2015年，神州租车共出售9284辆二手车，成本与销售额的比率为101.1%，这对于汽车租赁公司来说至关重要，这也表明了神州租车已经建立了成熟的租赁业务生态圈。

神州租车的模式略为传统，但陆正耀并不认同。神州租车发展过程中的每一步都强调着创新，所以说它是一家传统的租车公司是不成立的。的确，单从神州租车的共享车辆的理念来看，它就是新的，不过，在如何共享这个问题上还是需要进行更多考虑。陆正耀对此一点也不担心，他表示"我们还有很多牌要打"。

2.5 BlaBlaCar：长途旅行如何廉价解决

国内的滴滴用户都知道"滴滴顺风车"这一品牌，它可以提供跨城拼车服务，实际上，这种模式来源于欧洲长途、短途拼车平台网站BlaBlaCar。

2015年9月，BlaBlaCar宣布完成了2亿美元融资，公司估值16亿美元。借助本轮融资，BlaBlaCar从众多欧洲科技初创公司中脱颖而出，受到全世界的瞩目，福布斯称BlaBlarCar为"欧洲资金最雄厚的年轻创业公司之一"。

关于BlaBlaCar与Uber有什么不同，或许用其创始人弗雷德里克·马泽莱（如图2-2所示）的一句话就可以阐明——"用户花20美元用Uber能从家中坐车到机场，而相同的价格，BlaBlaCar可以带用户去到300英里以外的其他城市"。

图2-2　BlaBlaCar创始人兼CEO弗雷德里克·马泽莱

源于欧洲的长途拼车模式

像Uber的出现一样，BlaBlaCar的出现也是为了解决人们出行过程中的一个简单问题。弗雷德里克在一次赶回家过圣诞节的时候，由于错过了预订火车票的最佳时间，导致他买不到有座位的车票。最后，弗雷德里克只好求助自己的姐姐开车来巴黎接他回家。

在路上，弗雷德里克看到很多汽车上都没坐满人，再想到自己没有买到火车票的尴尬经历，他瞬间产生了很多新奇的想法。"有这么多人开车，但是没有几辆车上是满员的，如果这些座位能够提供给需要的人，那简直太棒了！"

在这之后，弗雷德里克就开始筹划建立一个长途拼车的网站。经

一本书读懂 分享经济

过两年时间，BlaBlaCar上线了，公司总部设在法国巴黎。实际上，BlaBlaCar成立的时间比Uber还要早三年，但是由于初期的很长一段时间它只服务于法国各个城市之间的长途拼车用户，在全球版图扩张上远远落后于后成立的Uber，这是BlaBlaCar知名度低于Uber的重要原因。

即便是火遍全球的Uber，在全球扩张的过程中也遭遇过碰壁的尴尬，BlaBlaCar显然注意到了这一点，所以它并没有急于在全球开展自己的业务，甚至还主动放弃了一些国家的市场。美国就是BlaBlaCar没有进入计划的国家之一，根据其首席运营官尼古拉斯·布鲁森的观点，美国人口的特点是集中分布在几大城市群，在跨城出行方面选择最多的是航空，BlaBlaCar的模式并不适合带到美国。

布鲁森的战略布局不无道理，BlaBlaCar的模式之所以在欧洲如鱼得水，很大一部分原因是欧洲人在跨城出行的时候大多会选择自驾出行，这是因为欧洲总体的面积不大但是城市密集，并且各城市之间只有两三小时甚至更短时间的车程，因此，欧洲人更倾向于自己驾车出城，这就给BlaBlaCar的带来了很大的市场空间。

BlaBlaCar从法国市场开始，有跨城出行需求的用户在BlaBlaCar上可以提前预定同方向的且有空座位的私家车，只需要向私家车车主支付相较其他交通工具低廉的费用，私家车车主也可以顺便赚点零花钱，而BlaBlaCar则从每一笔交易抽取大约10%～15%的手续费。在法国，私家车车主每英里的驾驶成本大概为70美分，如果带2～3名乘客，每位乘客按每英里11美分的价格付钱给司机，则大大降低了车主的驾驶成本。

可以看到，BlaBlaCar与Uber虽然同为车辆共享模式，但是BlaBlaCar

第2章 交通出租：别让你的车躺在家里睡大觉

的司机没有任何利润可赚。BlaBlaCar采取这种模式可以帮助自己避开政府监管，同时确保司机受普通保险政策的保护。

在欧洲，BlaBlaCar备受市场的欢迎，并成功垄断了整个欧洲市场。但是弗雷德里克并没有止步，BlaBlaCar进入俄罗斯、印度、墨西哥和土耳其之后，其服务也大获成功，弗雷德里克的计划是2015年年底登陆巴西，2016年进入智利、日韩等市场。

不只是拼车

BlaBlacar最吸引人的地方就是结伴聊天，有过长途旅行经历的人都应该知道，最难熬的莫过于一路上没有聊天的对象，运气好的话会碰到健谈的邻座一路上有说有笑，运气不好就只能一路低头玩手机。

BlaBlacar深谙长途游客的心理，专门推出了三个层次的长途拼车服务，分别是Bla（"吧啦"）、BlaBla（"吧啦吧啦"）和BlaBlaBla（"吧啦吧啦吧啦"）。Bla表示"我不需要跟司机聊天，把我安全地送到目的地就可以了"，BlaBla表示"可以跟司机随便聊几句"，BlaBlaBla则代表着"我需要一个能侃侃而谈的司机，陪我聊一路"。

对于长途拼车，乘客和司机都非常看重人身安全，BlaBlaCar也注意到了这一点，并采取了多项措施保障司机和乘客的安全。在BlaBlaCar上，所有注册户头像都被要求用真人照片，BlaBlaCar还建立了信用评级体系，车主和乘客可以互相评价、打分。乘客在预订时可以根据对方的面相、评分选择是否下订单，此外，平台还提供了预订前的聊天功能，看看双方是否谈得来。为了最大限度地保障女性的乘车安全，BlaBlaCar

一本书读懂 分享经济

还提供"Ladies Only"（仅限女性）服务，这个模式下司机和乘客都是女性，使乘客和司机不用过分地担心自己的安全。

当然，这些功能还不是BlaBlaCar在19个国家拥有2000万注册用户并且成功获得三轮融资的主要原因，投资人看好BlaBlaCar，一方面在于各地方政府对BlaBlaCar都持欢迎态度，BlaBlaCar还没有在任何国家遇到过法律问题。这是因为与BlaBlaCar填补的业务空白相对应的是铁路、长途大巴运力有限的问题，就像中国的春运问题一样，欧洲政府对BlaBlaCar缓解"一票难求"这种问题是非常支持的。另一方面，由于BlaBlaCar的车主不以营利为目的，双方就像哥俩搭伙儿凑油钱一样，因此就不涉及法规问题、税费问题，也没有保险问题。欧洲政府限制Uber使用的"误导性商业行为"和"参与出租车行业非法活动"等这些理由，放在BlaBlaCar身上都不成立。

分享经济启示录

从一座城市到另一座城市，走在陌生路上的旅客都希望旅行的途中是美好的，但大多数人都被现实中火车的拥挤、飞机的昂贵泼了冷水。而BlaBlaCar出现以后，每个月有100万人通过分享长途旅程，方便了旅客的同时还提升了公路运输效率。他们借助BlaBlaCar汇集在一起，使空闲的座位得到充分利用，让分享经济的魅力在汽车行业再次得到淋漓尽致的展现。

2.6　摩拜单车：让短途出行不再成为痛点

随着分享经济的飞速发展，我们的生活正逐渐被各类APP所支配，例如乘车出行方面，滴滴出行为我们找到了经验丰富的司机，神州和一嗨则为我们备齐了保养良好的车辆，这些都为我们的出行带来了极大的方便。而在自行车出行领域，分享经济的影响同样十分显著，而这其中的佼佼者正是摩拜单车。

摩拜单车，英文名为mobike，是由北京摩拜科技有限公司发布的移动网络城市短途出行解决方案，在使用模式上摩拜单车采用的是无桩借还车模式。用户只需要登录手机应用平台就可以在极短的时间内完成一辆摩拜单车的使用和归还，用较为低廉的价格进行一次几千米的市内骑行。

摩拜单车的使用方式和常见的打车软件大同小异，都是从APP中找车，借车，还车，而且摩拜单车的用户完全不需要考虑有没有固定的停车点，也完全不需要像坐公交似的要在某个地点排长队办卡交费。同时，摩拜单车的外形也是经过专门设计的，迎合了年轻人审美的造型让人过目不忘，无论是看起来还是骑起来都十分的酷炫（如图2-3所示）。试想当一辆摩拜单车出现在大街上时，有谁能抵挡得了它的诱惑呢？

图2-3　摩拜单车

而对于现在发展势头如日中天的摩拜单车来说，一切都来源于其创始人胡玮炜童年的一个梦想：我渴望自己像哆啦A梦一样，每当我需要一部单车的时候，就可以在兜里掏出一部单车骑走。

骑车出行的新方式

摩拜单车创始人胡玮炜是个典型的"80后"，出生于浙江东阳，父母经商。2004年，从浙江大学城市学院新闻系毕业的她，先是在《每日经济新闻》做汽车记者，接着又加入极客公园，专职做科技新闻。

2014年的某日，一名就职于奔驰中国的朋友告诉胡玮炜，将来的的个性出行领域会迎来一场革命。同时蔚来汽车董事长李斌也找到胡玮炜，问她是否考虑做共享出行。听到这个提议，胡玮炜很受启发，并很快和李斌达成了合作。在胡玮炜看来，她在外国见到过类似的模式，并且作为一名用户，她对国内公共单车的不足印象深刻：车子难看，办卡繁琐，借还车不自由。

怀着无比兴奋的心情，胡玮炜很快就组建了团队，并邀请一个曾在福特做技术的朋友做合伙人。她决心打造一款不需要固定桩、可随时随地取还车的共享单车。

为了克服以往公共单车的缺陷，胡玮炜对自己的单车提出了几条标准：一是轮胎要实心的，可以避免爆胎；二是无链条，可以避免掉链子；三是要铝制车架，可以避免锈蚀。历经多次比较后，一名身为骑行发烧友的汽车设计师的设计最终被采纳。

虽然单车的设计环节顺利完成，但胡玮炜在生产上却遇到了麻烦。她走遍了天津最大的自行车配件市场，却始终找不到一家有诚意和摩拜深入合作的企业。最后，胡玮炜不得不自己创立一家工厂来生产单车。

2015年底，摩拜的首轮融资即将结束，公司的产品也到了即将成型的关键时刻，胡玮炜开始意识到自己需要一名精明强干的CEO，之后她力邀原Uber上海总经理王晓峰加入了摩拜。王晓峰接手公司后，摩拜单车逐渐从一个应用变成了一家拥有自营工厂的"重公司"，这是摩拜有别于Uber的重要一点。

摩拜单车刚问世时，正好是冬天，在北京等北方城市推行并不合适，于是胡玮炜把上海作为首站。而上海的城建十分成熟规范，可以减少摩拜在市场和用户教育方面的支出。上海没有辜负摩拜的期望，摩拜单车在短短5个月就顺利完成了在上海的布局，同时政府也大力配合。仅静安区临汾社区一地，就一举建立了16个摩拜停车点。

摩拜单车会从单车"眼睛"所能看到的区域中选择投放点，而这个"眼睛"就是监控大数据，哪里的人使用APP比较频繁，就需要在哪里

一本书读懂 分享经济

多布置一些车辆。因此，一些人流量大的地方成了摩拜的主要投放点，例如上海的南京路、淮河路和人民广场。而统计和分析这些大数据对摩拜的发展也极为重要。因为从这些大数据身上，摩拜可以摸索出更多的可能，这是摩拜的产品设计和盈利模式的想象空间所在，同时也是搭建未来摩拜生态圈的重要基石。

截止到2017年初，摩拜单车APP的用户已经接近600万人，其所占的市场份额已经达到了七成，是行业亚军的3倍还多。近期，摩拜单车还会向海外扩张，进一步拓展市场份额，摩拜在共享单车行业的优势将进一步巩固。

近乎完美的商业思维

在共享单车这个全新的商业领域中，摩拜单车无疑是当之无愧的翘楚，而让它发展如此迅猛，能在几乎一夜之间就遍布许多大中城市街头巷尾的原因就是因为它近乎完美的商业思维。

（1）抓住短途出行的刚需

随着城市人口规模的扩张，在拥挤的都市出行一直都是人们难以摆脱的痛点，即便有公交、地铁的帮助，往往也显得杯水车薪。而过去一些大城市试行的"公共自行车"，也由于投资主体产权不明晰、单车维护经验不足等种种问题，最终都折戟沉沙。

而摩拜单车由企业投放车辆，用户登录手机应用就能看到附近的单车，有租车需要还能够预约。无需停车桩，无需办卡，扫一下二维码即可骑走，用完停在任何非机动车停车点就行，30分钟收费一元，用车成本极低，而且还省时省力，能够有效解决城市"最后一公里"的痛点。

（2）巨大的市场

目前中国"网络预约专车"的用户数量为1.7亿，而共享单车潜在的用户规模则更为可观。一位北京的上班族，开车从东城到西城至少要两个小时，之后还得再用一个小时找停车位。而这位白领如果改骑摩拜单车出行，不仅省时间，还不用花费时间找停车位，两种出行方式相比，谁更具优势一目了然。因此，几乎所有城市的白领都可以被视作摩拜的目标群体。

（3）推广阻力较小

一项新事物的推广往往会受到既得利益群体的阻挠，这在Uber、滴滴等发展的过程中已经屡见不鲜。但摩拜的出行载体是自行车，不像汽车共享似的需要面对出租车、公交等强大的既得利益团体。所以摩拜在推广中所遇到的困难比较少。

（4）巧妙的盈利模式

摩拜单车从成立伊始就有极为明确的盈利模式：押金，这是一个非常大胆的创新。

在骑上单车上前，用户要交付299元的押金。而完成公司盈利最关键的环节就在这299元的押金上：

押金能退还，因此大部分人不会抵触这笔费用；

押金能退还，但公司不会自行退还，大部分人也不可能主动要求退还，因为如果再用车还要交，这就使得巨额押金沉淀在企业中，摩拜可以无偿占用；

一本书读懂
分享经济

押金只能作为抵押使用，不能用在其他方面，这种规定使得这笔钱只会增加，不可减少；

因为一笔押金对应的是一名用户，而非一部车，这意味着投放一部车，可锁定不止一名用户。按照现在摩拜一部车锁定8人的规则，相当于每投放一部车，就可得到2400元的资金。

这种在押金方面的精心设计使得摩拜投放的每部单车都成为了一个储蓄所。仅以目前摩拜计划当中的1000万部计算，每部车锁定8人，每人三百元押金，其获得的资金规模将达240亿。

不急于实现盈利，而是通过收取押金来获得现金流，摩拜避免了以往互联网企业为补贴用户所产生的巨额支出，这是一种极为高明的做法。

分享经济启示录

摩拜单车在企业经营过程中，成功地糅合了备受时下年轻人欢迎的两种元素：APP主义+"高颜值"。无论是便捷的使用过程还是外形帅气的单车，摩拜单车总能带给观众印象深刻的使用体验。在目前浮躁的中国新经济领域，摩拜单车的出现为人们提供了一个比较科学的商业模式，相信摩拜单车的这种科学的商业模式在未来还会被越来越多的企业所效仿。

第 3 章
旅行住宿：
长居短住，体验不一样的空间

当旅游业呈现出多元化的发展趋势时，一些旅游方式如旅游团、背包客等极大地满足了人们对旅游方式的多样性选择。旅游方式的多样化带动了短租行业的发展，出现了一批敢于吃螃蟹的短租公司，如 Airbnb、小猪短租等，这些平台不但让出租者将自己空闲的房间租给旅行者，获得一些收益，还让旅行者以较低的价位体验到了不一样的空间，这种分享经济模式预示着零边际成本时代的到来。

$\mathit{3.1}$ Airbnb：盘活无处不在的空间资源

2008年，Airbnb成立，它是一家小而美的公司，提供P2P租房服务，在这个平台上，房主可以将限制房间房租出去，租客可以以酒店的价格享受居家的体验，这种"地头蛇"和"外来客"的组合方式实现了互补的交流，收获的意外惊喜是能交到天下朋友。如今，Airbnb靠盘活无处不在的空间资源早已享誉全球，在线房屋租赁服务已遍及160个国家、4万个城市，可以租赁的房间达到100多万间，其夜间租住的房间预订量一举超过酒店巨头希尔顿，被称为"租房的eBay"。

由沙发客向线上住宿转型

Airbnb刚起步时（如图3-1所示），"租别人房子里的房间睡觉"这一点子并不被人看好，被各种风险投资机构拒绝，但现在的Airbnb公司估值已达255亿美元，成为全球第三大创业公司，仅次于Uber和小米。

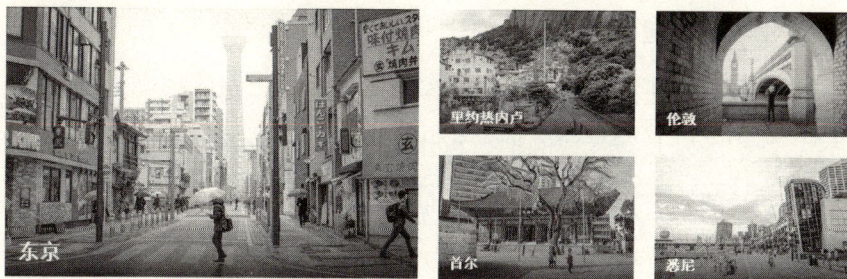

图3-1　Airbnb网站

　　Airbnb是由布莱尔·切斯基和乔·格比亚创立的，起因是付不起房租，为了分摊房租，他们在客厅里放了三张充气床垫出租，并为租客提供早餐，租客每晚需支付80美元，这个服务最初命名为"Air Bed and Breakfast"。这个听起来有点像为旅行者共享家中沙发的"Couch-surfing"的廉价服务。

　　后来赶上美国总统大选，为了宣传公司，切斯基买了一堆麦片，对其重新进行包装设计，以迎合当时的总统候选人奥巴马和麦凯恩的口味，并放在线下展会进行销售，每盒售价40美元。

　　麦片的反响比切斯基预想的要好，卖出500盒麦片后，切斯基就拿到了3万美金。2008年底，切斯基团队找到了与创业孵化器 Y Combinator 创始人见面的机会，虽然，Y Combinator 的创始人保罗·格雷厄姆并不

第3章　旅行住宿：长居短住，体验不一样的空间

看好他们的点子，但还是给他们提供了2万美元的启动资金。

实际上，在2008—2009年，几乎没有什么人能接受切斯基和格比亚的点子。后来，切斯基逐渐意识到：用户不仅需要一个简陋的床垫和早餐，他们还喜欢漂亮的房子。

如果说，Airbnb最初只想做一个类似于沙发客的住宿服务，那么，从2009年下半年起，切斯基和格比亚就开始做自己最擅长的事情——设计。他们花费500美元租了一台摄像机，为准备出租的房间进行拍照，通过巧妙构图以及对光线的把握，让这些照片深深地吸引住了住客的目光，使房子的预订量上升了两至三倍。因此，Aribnb决定免费为房东提供出租房间的专业拍照服务，这个政策一直保留到现在。

Airbnb的核心产品就是房间，所以需要对产品进行包装，这种观念的转变推动了Airbnb从玩票式的沙发客公司转变成一个线上旅行住宿公司，这可以算是Airbnb的第一个转折，而它的第二个转折是将房源向本地化、个性化、富有人文气息的非廉价住房进行转型。与当地的廉价酒店相比，Airbnb房子的价格与其差不多甚至稍高一些，但主打具有设计感的当地体验，因此使廉价酒店败下阵去。

Airbnb主要靠中介费用来获取利润，它向租客收取6%～12%的服务费，同时向房东收取3%的服务费，这就意味着每间房屋的出租价格直接决定着Airbnb的利润，而对于Airbnb平台上的民宿来说，除了提升服务品质外，创造出美的差异化是获取高溢价的最佳方式。

2014年5月，Airbnb尝试提供一个名叫"Local Companion"的服务，这个服务可以让游客直接与当地人进行沟通交流，让当地人提供购

一本书读懂
分享经济

物、旅游指导等服务。同年的7月16日，Airbnb官方对一篇名叫"家在四方"的博文进行更新，这篇博文中提及了Airbnb用户的共同价值观——提供归属感，形成四海一家。

这些都充分表明Airbnb想要通过本地化与传统酒店业的标准化进行竞争，通过为每一处民宿注入人文价值，从而实现更高价值的旅游体验。2015年，Airbnb的官网对房屋进行了分类，主要按照"价格实惠""居家体验""特色奇居""融入当地"的方式，将其分为四类产品，其中，后三种都是通过一定手段来实现"价格昂贵"。

"分享经济"模式的开拓者

2010年1月，Airbnb总预订天数只有10万，到了当年年底就增长到了80万，在一年内实现了800%的增长。在那个时候，Airbnb已走出纽约，其住户来自160个国家，而加入到Airbnb的房主就涵盖了89个国家。

2011年5月，创始人布莱尔·切斯基表示，Airbnb或许能成为既Ebay之后另一个大市场。那时，Airbnb的总预定数已有160万，这得益于它在国际市场尤其是欧洲的快速发展。2011年7月，Airbnb进行了B轮融资，金额达1.12亿美元，公司估值达13亿美元。2015年7月，Airbnb已完成15亿美元的融资，公司估值250亿美元。2015年的这次融资使Airbnb成为全球第三大创业公司。

2015年，Airbnb官网曾在"关于我们"的页面上写着这样一句话："无论您想在公寓里住一个晚上，或在城堡里待一个星期，又或在别墅住上一个月，您都能以任何价位享受到Airbnb在全球190个国家的34000

多个城市为您带来的独一无二的旅行体验。"

虽然，Airbnb还没庞大到对传统高端酒店业产生威胁，但它以几乎零成本的方式满足了人们对临时住宿的需求，作为分享经济模式的开拓者，Airbnb改变了临时居住空间的组织形式，使Airbnb比传统酒店业更有弹性，房源数量受市场调节。同时，它也改变了传统酒店接触住客的方式，使房东与住客通过Airbnb信息平台直接交换信息。

可以说，Airbnb利用房间提供方的轻资产化减少了住宿的中间环节，削减了传统酒店模式中的冗余成本，不但降低了平均房价，还能赚取中介费，通过规模效益将中介费累积成巨额利润。

更有意思的是，Airbnb在这个过程中，只需追加少量的成本投入，包括购置服务和雇佣少量人员就能持续增加扩张与利润。而Airbnb又能将这些利润投入到软件与系统的升级中，形成良性循坏，进而垄断整个市场。2015年，Airbnb的员工超过1600名，共同管理全球近200个国家的100万个房间。

如今，Airbnb已成为一种商业模式，它所做的事情从2009年起至今并没有太多的变化，但在这条路上，Airbnb忍受着种种质疑和克服资金短缺等困扰，最终坚持了下来，从而改变了世界，能做到这样的只有一家公司——Airbnb。

Airbnb作为分享经济的典范，成就了一种新的商业模式，它就像占尽天时地利人和的幸运儿，将房东和租客之间信息不对称的渠道打通，并用各种技术手段取消了传统酒店的必要成本，比如租赁地产、雇佣工作人员等，因此毫不费力就能扩张到世界各地。同时，Airbnb进行房间设计时十分注重当地的人文气息，使游客能深入地体验当地的人文风情，这符合了近些年游客的心理需求。

3.2 小猪短租：打造"中国版Airbnb"

2012年8月，小猪短租成立了，与美国的Airbnb一样，它是一个连接有闲置房屋的房东和有短期住宿需求的房客的平台，这种模式也是一种分享经济。小猪短租以个人房屋为主，在形式上，是民宿或由个人房屋改造成的"酒店"，以B2C的形式经营。截至2015年年底，小猪短租的房东数量已超过5万人，消费群体的平均年龄从21岁上升到30岁。2015年7月，小猪短租完成了C轮6000万美元融资，将重点放在根植本土文化，挖掘市场需求方面。同时，专心服务房东，打造更完善的用户体验。

将中国房屋共享市场变成绿洲

陈驰和王连涛在建立小猪短租之前都就职于赶集网旗下的蚂蚁短租，当时，蚂蚁短租瞄准的就是房屋共享这个方向，所以，陈驰对分享经济有一个较为全面的了解和观察，他主要以Airbnb为观察对象。从社会经济发展进程来看，随着物质越来越丰富，人们的需求会越来越长尾化，去工业化的模式会成为一种趋势——即去中心化、非标准化、端与端的链接。做房屋共享市场看起来似乎是一场与时间比赛的马拉松，陈驰说"感觉这是一件将沙漠变成绿洲的事情"。

2012年6月，陈驰和王连涛辞职后就创办了小猪短租网（如图3-2所示）。最初创业的难度很大，绝大多数人很难接受陌生人住到家里这种方式，因为找不到房东，两个人只能自己做房东，此外他们还在自己的亲朋好友中做推广。

图3-2　小猪短租网

一本书读懂分享经济

小猪平台上的第一个房东是小猪短租的一名员工，他将自己家里的沙发出租，租给了来自安徽芜湖的一位女教师，她是小猪平台的第一位客人。小猪早期的房源基本是靠人际示范效应一套套做起来的，但有了个人房东后，很多问题也随之而来，比如：很多房东刚接触这种新模式时会产生"我的房子是否适合做短租""我该如何做"等疑问，而传统的O2O领域根本不会出现这种情况，但在"分享经济"标签下，房东的问题就变成核心问题，将直接决定市场供给的质量。

对此，小猪短租成立了一支线下运营团队，专门为个人房东提供服务，从一些细节问题开始着手，同时还帮助房东提供房源的简单装饰建议、初次接待要注意的各种问题等。在线下运营团队的帮助下，房源顺利上线，房东们可以接待房客了。

在小猪短租平台上，房客选择好自己喜欢的房源后，需要与房东进行充分的线上沟通，沟通的内容大多围绕双方所关心的一些问题，比如：房客比较关心的是房子的情况、是否需要交押金、是否可以带宠物等，而房东关心的是对方的生活习惯等，当双方达成一致后，该笔交易就能继续进行了。房客入住房子后，与房东会产生更多的交互行为。不难看出，在整个交易过程中，社交元素是无法避免的。

当然，这一切都是建立在事先对房东和房客的真实身份信息验证的基础上的，当双方的真实身份被锁定后，两个陌生人之间的关系就会被还原到熟人社会，双方会开始自觉约束自己的行为，整个交易过程中都会流露出更多的人情味，比如：房客为了感谢房东的照顾，会给房东带来一些家乡特产等。在这种情况下，不管是房东还是房客，双方的体验都得到了保证，这样不但提高了用户的黏性，还促成了用户的多次交易，使小猪平台能够健康、有序地发展。

2012年年底，小猪短租获得了第一笔投资，来自晨兴资本。在搜索供需关系和运营的平衡点上，陈驰花了一年多的时间，2013年下半年，陈驰和投资人协商后决定主做个人房东。小猪短租在发展和进入新的城市扩展业务时难免会遇到一定数量的职业房东，他们的经营理念与共享理念有很大的差异，小猪平台上的很多投诉都是针对这个群体的。

2014年进行B轮融资时，小猪短租最终获得了1500万美元的融资，这次融资为小猪短租的扩张插上了翅膀。从2015年下半年开始，小猪平台的个人房源开始呈现跨越式的增长，而房屋的质量和多样性也在悄然无声地发生变化，从开始的沙发或单间到后来出现了很多地理位置都不错的好房源。

此外，用户端也从年轻化的群体向两端发展，更多的家庭用户出现在小猪平台上。另外，产品也做了一些打磨，在提高预定流程效率的同时，还带动了房客转化率的增长。基于分享经济的商业模式，如今的小猪短租已覆盖到200多个城市。

通过短租构建起陌生人之间的链接

对于绝大多数的中国人来说，房子就是命根，使不少人对"本土化Airbnb"这一做法持怀疑态度。经纬创投的汝海波曾一针见血指出其痛点："先是向房东签约长租，再转化为中介，向房客短租。"

小猪短租之所以能发展起来，是因为在一线城市生活的人们面临的住房问题越来越严峻，他们需要在费用和安全方面进行博弈，而短租网站这样的平台正迎合了他们的实际需求。所以，小猪短租更像一个垂直化的房源网站，它诞生的原因之一就是上游资源越来越丰富。

由于部分城市的生活成本较高，很多年轻人为了缓解压力选择了合租的方式，这给短租市场带来了一定的重叠空间。此外，一些城市的民房在建造过程中发生了一些变化，逐渐向单间的形式靠拢，甚至提供精装修和相应的家具，这些房源对于短租网站来说是最好的房源，他们可以通过承包的方式赚取差价。

另外，部分消费者购买房屋并非为解决生活所需，而是为了第二次交易以赚取利益。如果"投资用房"的交易受到限制，购房者不能变现自己手中的房屋，他们就会选择以租养贷来解决相应的问题。

2015年7月8日，小猪短租完成C轮融资，也是当时国内短租领域的最大融资额。为了深挖个性化的需求和供给，增强住宿的人情味，将体验做到极致，小猪短租与第三方服务机构进行合作。同时，在信息体系建设方面，小猪短租与阿里旗下的芝麻信用达成合作，率先在短租行业引入了个人征信。通过芝麻信用，房东和房客通过申请互查能了解对方的信用情况，并以此作为是否接单和入住的标准。

小猪平台通过短租构建起陌生人之间的链接，在这个过程中，陌生人之间的利己关系会逐渐变成熟人间的利他关系，这其中的人情味就是与酒店标准化住宿的最大区别。为了强化这一点，小猪短租在房源和房东多样性方面投入了很多资金。

小猪短租主要靠平台从订单金额中抽取10%的佣金来获利，2016年开春以来，小猪短租交易比较活跃，屡创新高，订单量与2015年相比增长了500%。小猪短租CEO陈驰表示，中国分享经济产业链逐渐走向成熟，2017年小猪短租的战略重心将从获取房东向服务房东转移，全力打造服务链条和体验链条，这标志着小猪短租在中国践行分享经济已完成重要的积累，站在分享经济的风口上，在2017年将实现产业升级。在未来的两三年内，小猪短租将成为中国分享经济发展最重要的推动者。

分享经济启示录

在"互联网+"时代，分享经济越来越受到人们的关注，在这种模式下，市场供给的本质在于个人。当国内市场出现大量闲置房源，像小猪短租这类短租行业的代表就会应运而生。在分享经济标签下的O2O领域里，每个交易的背后都存在一个具体的社交关系，小猪短租选择做"分享经济"标签下的O2O，依靠逢山开路、遇水搭桥的方式，逐渐积累出自己的核心优势，小猪短租的做法大家不妨参考一下，或许会收到意想不到的效果。

3.3 住百家：数百万精选房源，让海外旅行更美好

2012年3月，住百家成立了，它致力于为中国用户提供海外优质短租服务，并围绕"住"提供相关旅行服务，比如：接送机、旅行管家、海外保镖等预订服务。自成立以来，住百家不断挖掘分享经济的核心，根据中国人出游的认知与习惯，不断提升和丰富产品体验，其发展模式和服务口碑不仅获得了广大旅游者的高度认同，还得到了资本市场的多次青睐，在自身发展过程中也取得了不错的成绩。

瞄准海外短租市场

住百家CEO张亨德在密歇根大学上学时，无论是在美国境内游玩，还是到国外旅行，张亨德大多选择住在当地同学家里，或者在Airbnb上找一些有个性的房子。

由于张亨德所在的密歇根大学比较注重文化的多元性，所以该校的同学们来自五湖四海，而张亨德是班里唯一一个亚洲人，也是在那个时候起，张亨德心里就有一个愿望，希望走在哪里都能找到当地的"家"，这种"家"虽不像普通酒店那样有统一的房屋结构和装饰风格，但能让自己很快就融入当地的家庭中，并与房东产生有趣的互动。

因为有了这样的理念，张亨德在大学毕业后就创立了住百家（如图

3-3所示），这个平台有点类似于中国的本土化Airbnb，主要面向有出境旅行需求的精英人群，为其提供精选的短租房源，并在其旅行、入住时提供深度服务。

图3-3　住百家网站

与美国等国家相比，中国内地的房源质量差距较大，张亨德认为，境外短租在内地发展的话为时过早，就选择香港为切入点，做短租房源的供应者。张亨德先挑选房源，与房东签约，再进行装修和物业建设，再通过Airbnb等平台售卖房源。

在香港创业期间，张亨德认识了Wimdu创始人之一的阮智敏，那时，Wimdu正面临业务收缩，关闭了海外多个办公室，张亨德便收购了这个平台，将住百家打造成一个更靠谱的本地化短租平台。

住百家收编Wimdu的境外房源资源后，对房源进行了筛选和精简，根据房东的接待能力、住房情况等，筛选出质量、口碑较好的房子，建立了一套信息规范，详细地介绍房屋信息，以便用户能够快速做出决策。

然后，住百家根据出行人群的需求，建立起一套比较完整的服务系统，包括提供7×24小时的400服务电话，在订房、交易APP中设置了在线旅行管家，以便用户对房源有个大致的了解，在出行期间解决与房东的沟通互动，从而打消用户出行的顾虑。另外，住百家还提供部分增值服务，如文化体验环节等。

张亨德认为，短租不但解决了游客的住宿问题，同时还带动了与游客需求有关的其他行业发展。游客入住住百家的短租房后，虽然解决了住宿的需求，但还有出行或体验本地生活的需求，比如品尝当地美食等。为此，住百家推出了"地到旅游"业务，通过整合当地的交通服务提供商和特色旅游资源，帮助用户解决游客交通出行和体验特色旅游的需求，以打造一站式特色旅游服务平台。

住百家的"住宿+旅游"的模式获得了用户的认可，住百家三分之一的订单都是预定"住宿+旅游"的打包产品，并已实现盈利。随着中国海外游客的不断增长，住百家对"地道旅游"进行了一番改版，不仅丰富了特色旅游产品，还向香港以外的亚太城市进行扩张。截至2013年4月，住百家已完成中国香港在内的新加坡、新西兰等地五千多套短租房的布局。

与2014年相比，住百家2015年的营业收入同比增长了68倍（表3-1所示），其中，主营业务海外短租收入占比达79%，用户数量同比增长80倍，复购率近58%，用户满意度高达95%，住百家凭着优异的成绩继续以绝对优势领军短租市场。

表3-1　住百家2015年年度报告

单位：元

类别/项目	本期收入金额	占营业收入比例	上期收入金额	占营业收入比例
海外短租服务	35,879,900.23	78.52%	440,147.73	66.71%
预定酒店服务	701,480.53	1.54%	—	—
预定机票服务	6,903,902.90	15.11%	219,673.00	33.29%
周边产品服务	2,208,406.62	4.83%	—	—
合计	45,693,690.28	100.00%	659,820.73	100.00%

与明星捆绑销售中高端消费市场

张亨德拥有雄厚的家庭实力及其不走寻常路的个性，注定他会有别样精彩的人生。与所有创业公司一样，住百家的发展过程并非一帆风顺，自2012年成立以来，公司曾多次经历创业寒冬，差点卖给携程，又差点卖给途家，但最终还是顽强地活了下来。

住百家自成立以来，共获得三轮融资：2014年8月，A轮融资获得联想之星的百万美元；2015年8月，B轮融资获得近2亿元人民币；2015年9月，C轮融资获得超5亿元人民币。住百家顶着分享经济、出境游和移动互联网的三大光环，使其被认为是一家具有巨大想象力的初创公司。

张亨德将这一切归功于住百家丰富、独特的海外短租资源及优质的服务能力。谈及住百家的成功，不得不提它打出的明星牌。虽然，张亨德认为明星只是住百家体验用户的一小部分，但明星所带来的价值是不可小觑的，明星的入住体验不但可以提高住百家的品牌知名度，还能引发粉丝们的关注。对于住百家来说，有了黄渤、林心如、Angelababy等知名明星在海外入住体验后的宣传和运作，着实为企业注入了活力，而住百家借助明星的粉丝影响力也让更多潜在顾客了解到自己，进一步打开了市场。有了Angelababy这位股东的加入，更使住百家的B轮融资赚足了眼球。

不难看出，与明星进行捆绑销售，使住百家在中国的中高端消费人群的市场开拓变得越发顺利起来。当然，住百家的海外短租模式之所以会获得成功，与中国经济的发展和人们教育、观念的提升是分不开的。很多中国人出国旅行已不再满足于单纯的住旅馆，他们想要深入了解当地的风土人情，找到当地好玩的地方、好吃的美食，还要与当地人聊聊天，了解当地人的生活。

当他们这种愿望越来越强烈时，在分享经济的浪潮下，民宿市场就会逐渐扩展和扩大。张亨德表示，这个时代让住百家轻资产、社会化营销和服务的模式更容易实现规模化。随着用户消费和出行需求的不断升级，住百家进入了快速发展阶段。

2016年4月22日，住百家正式挂牌新三板，成为分享经济领域登陆资本市场的全球第一股。住百家率先完成挂牌新三板后，深受业界大佬的重视和看好，这意味着住百家分享经济的新商业模式已获得资本市场的肯定。

目前，住百家在全球654个城市拥有数百万套优质房源，住百家在国内的精品房源就有20万套，而在境外市场，住百家在很多国家的旅游热门区域都有绝对领先的位置。

随着政府政策的大力支持和资本市场的看好，中国分享经济的成长空间潜力巨大，为住百家的发展提供了有利的土壤。

世界上的每个角落都有生活着那里的人们，他们愿意将自己的房屋分享给来自远方的游客。在互联网到来之前，这是无法想象的，但站在分享经济的风口，住百家将这一切变成了现实，为人们提供遇见世界的另一种方式。住百家通过聚焦中高端出境游用户，在此基础上聚焦资源，做重度垂直，打造特殊化的体验，并通过体验转化为口碑，成为一项可持续的生意，使其成为短租行业的"独角兽"。

3.4 WeWork：专注联合办公租赁

WeWork于2010年创立于美国纽约，于2011年4月开始为纽约市的创业公司提供办公区服务，截至2016年3月，WeWork在全球23座城市拥有80个共享办公场所。WeWork在2012年获得685万美元A轮融资，在2014年12月获得3.55亿美元D轮融资，估值达50亿美元。2015年融资4亿美元，估值达100亿美元。

没有房产的办公租赁分享经济平台

WeWork是一家专门为小型创业者、自由职业者及初创企业提供办公空间租赁的服务平台，与Uber、Airbnb共同成为分享经济的代表。WeWork以一定折扣租入某些闲置写字楼，对其进行小区域独立办公空间的分割，然后将其出租给小型企业，通过租赁费及独特的会员制度来获取盈利，WeWork本身不具有房产，而是通过租赁的模式将闲置的办公场地资源加以利用，用户可以通过网站或手机应用在WeWork上预订办公房间，这既满足了创业者对办公空间的需求，同时为初创企业与各种人才进行交流沟通提供了便利的条件。

金融危机过后，越来越多的小型创业公司开始转变为用更灵活的劳动力来替代全职员工，联合办公模式开始出现。这种趋势下，普通的小型初创企业租赁的办公场地价格相对较贵，在此背景下，WeWork应运而生。

WeWork联合创始人亚当·纽曼在这种经济背景下发现了办公租赁这方面的商机，于是与拥有建筑学背景的合伙人米格·马可维合作，他们租下了纽约某区的一处空置楼盘，对其进行装修改造，使之成为一个符合小型初创公司办公的工作空间。WeWork的出现促使一种新型商业办公模式诞生了，它不再局限于一个独立的办公场所，而是多家办公的公共办公社区，它通过自由的供需模式，方便初创公司能够根据自身实际来自由变化。

WeWork的共享模式

WeWork一般会选择交通方便和位置繁华的地段，先把写字楼以低于市场平均水平的价格租入，再经过专业的办公装修设计使空间变得更加适宜小型初创企业的办公模式，然后以略高于一般办公空间的价格租给小型企业和个人，从差价中获利。WeWork的租金一般以一张办公桌月租350美元为标准，虽然WeWork定价贵，但是还是深得众多小型公司的喜爱，因为在WeWork里，安保、前台、宽带、打印等服务完全不用自己操心，会员每月可以节约几百美元的办公费用。

WeWork在办公环境中用玻璃将办公区隔开，还为会员提供咖啡间、沙发以及工作吧。WeWork除了提供普通的办公场所，还力求打造一个高效和易于交流的联合办公空间，为会员提供更加优质的办公环境，激发员工的思维。除了提供办公场地，它还为小型初创公司提供办公家具、协作服务等各种便利设施的服务。

WeWork采用会员制的方式为会员提供办公空间、线上平台资源、社区福利等活动，成为WeWork的会员之后，会员可以通过WeWork的平台账号进入线上平台，在WeWork的线上平台中享受各种商业服务及各种福利体验。如今WeWork的线上平台已有4.3万创业型用户，活跃用户占比达70%。

WeWork每周会开展名为"百吉饼"和"含羞草"的聚会，会员们可以在聚会上随意社交，在社交时会员们可以非正式地为大家演示他们的创意产品，从各家公司中获取各种免费建议。如今，WeWork不仅吸引了小型初创公司的加入，许多大企业也开始进驻WeWork进行工作。2011年百事可乐就把部分员工派往了SoHo区的WeWork办公点，他们认为通过在WeWork工作能促进各个公司之间的交流与合作。

WeWork的盈利方式主要包括办公空间租赁的租金及为会员提供服务的费用两方面（如图3-4所示）。WeWork主要为会员提供财务服务、法务服务、投资规划、品牌推广、数据归纳、公共关系维护等多项服务。

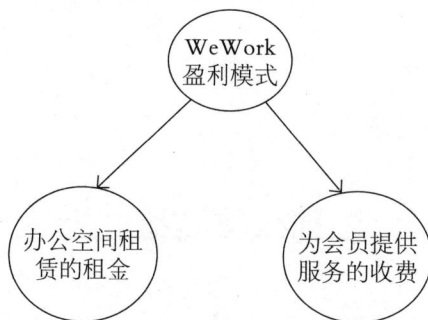

图3-4　WeWork的盈利模式

就WeWork的产业发展模式来看，共享空间经济有着非常广阔的发展前景，它为普通办公租赁带来一种新的发展方式，也将成为办公租赁市场上一枚先进的风向标，但与此同时也面临不少的风险和挑战，需要投资者进行多方面的考量。WeWork共享式办公空间容易产生过度扩张，造成供给失衡的场面，可能会引起不高的入住率从而造成亏损的局面，另外这种办公模式还有可能引起和传统商务中心之间的竞争，容易造成价格上的排挤，影响入驻率。

WeWork的产业模式通过会员制将多领域的创业公司聚集在一起，形成了一个相互连接的创业社区，使各家企业能够在创业社区中相互交流沟通合作，促进各企业发展，形成专属的核心竞争力。共享办公空间模式逐渐在各个国家地区之间发展，可以汇集越来越多的企业参与，形成一个更加丰富的社区结构，其发展潜力巨大。

3.5 途家网：公球公寓寄宿，与家一起旅行

2011年12月1日，途家网正式上线，以中高端度假公寓为切口，通过高品质服务吸引了一批忠实拥趸者，住过途家的用户大多会将其推荐给自己的亲朋好友。途家网是一家度假公寓预定平台，主要为人们提供旅游地度假公寓的相关服务，如在线搜索、查询等，在为旅行者提供优质度假体验的同时，也为业主提供灵活的闲置资产托管增值服务。

发现度假租赁的风口

2015年8月3日，途家网CEO罗军发了一条微博"途家新一轮融资完

成，超过10亿美元价值，3亿美元融资已经入账"，此信息说明途家正式迈入了互联网公司的10亿美元俱乐部。

一切要回溯到2011年，那时候罗军发现中国房地产行业逐渐累积了大量库存，未来会有更多的房子被闲置。同时，他还发现人们的消费开始向旅游消费类行业发展，一些旅游企业开始崭露头角，如穷游网、途牛等。

擅长跨界的罗军认为，大量沉淀的房子和大量文化类或虚拟类的消费两者结合会产生一个巨大的商机。2004年成立于美国的假日房屋租赁在线服务网站HomeAway的上市以及Airbnb尝试共享住宿，让罗军更加坚定了将海外的HomeAway模式引入中国的决心，他认为度假租赁是一个新的风口，站在风口上是可以飞起来的。

进军度假租赁行业前，罗军做过一番市场调研，在他看来，中国的度假租赁市场虽然才刚起步，但蕴含着巨大的潜在市场空间，之后的一些数据也充分证明了他的判断。在调研过程中，罗军发现，HomeAway和Airbnb模式如果在中国实行存在很多问题，比如国内空置房很多，但真正的好房源却不多，另外中美文化存在巨大的差异等。

结合多方面考虑，罗军创业时将途家网定位于中高端市场，填补四星级酒店的空白，给途家的细分市场贴上了"城市""旅游""特色"三个标签。根据中国的市场情况，罗军下了三步棋：第一步是控制房源；第二步是完善线下服务；第三步是引流用户。

事实上，在摸索商业模式方面，途家做出的最大的一个突破就是初步搭建信任系统。罗军认为，中国短租市场之所以发展不起来与中国的诚信制度滞后有很大关系。所以为了解决这个问题，途家利用移动互联网技术，经过多次试验，初步建立了能够给予租赁双方信息对称的信息体系，这一体系包括三个方面：一是通过"勾稽关系"使房客获得房东的信任；二是通过信息对称和后期服务使房东获得顾客的信任；三是通过即时更新的大数据分享平台，实现双方的信息对称。

实际上，途家网的业务模式很简单，就是先签下业主闲置的房屋，再采用高档酒店的服务进行标准化管理，给旅客提供住宿，将住房收入与房东分成，这种模式盘活了国内的很多闲置房产。

罗军正是抓住了"分享经济"到来的这轮大潮，通过在海南等地反复试验，将自己这套商业模式复制到全国各大城市和旅游景点，并带来了爆炸性的营收增长。经过五年多的时间，如今途家网已覆盖了320个城市，海外及港台地区1027个目的地，房源总量超过2万套，签约管理资产超过1000亿人民币。

打造中国"民宅分享引领者"

随着全球资源越来越紧缺，分享经济就开始成为推动经济和社会发展的主要动力。在欧美国家的住宿行业中，度假租赁方式占到了37%，但在中国，度假租赁这一模式才刚起步，途家网已是国内度假租赁的佼佼者。

途家网通过线上线下的系统整合，通过现金的VR系统、管家系统和商家系统，并通过线上的途家网、携程网等平台吸引游客入住，以保证业主的增值利益能够实现。

对于游客来说，高品质服务式公寓是途家的特点，房源已覆盖全国上百个高端城市，满足了消费者旅行、求学、出差等个性化的住宿需求。与其他短租公寓不同的是，途家网的房屋大多可以提供五星级酒店服务，如机场接机、厨房使用等，能使顾客每一次的旅行都变得更舒适。

途家网提供的房屋经过实地验真、实拍，能够确保房源的真实可靠，同时途家还为旅客提供了完善的"房客保障计划"。当顾客入住房屋后如果发现预定的房间无法入住，或者房间及设施与照片不相符，途家网会严格按照"房客保障计划"提供完善的赔付，为旅客的出行提供放心可靠的住宿保障。

途家网的发展也吸引了投资机构的青睐，参与其投资的机构不仅有国内著名投资机构鼎晖投资、启明创投和宽带资本及国内旅游业巨头携程网等七家机构，还有国际著名投资机构纪源资本和光速安镇。对于融资，途家会将这些资金用于改善用户体验、扩大房源、建设线上平台系统等方面。

此外，途家和政府的合作也遍地开花，目前已与山东省、重庆市和福建省三个升级旅游局达成了战略合作关系，并与二十多个城市政府完成了签约。

2015年12月26日，"跨界融合创享未来——2015途家创享峰会"川渝分会在成都召开。会上，罗军对分享经济的市场前景做了深度分析，他认为，分享经济改变世界的同时，也在改变人们的生活方式，国内空置房已达数千万套，很多业主买房子是为了投资，而不是为了自住，所以会有大量房子被空置的情况。而途家通过分享经济模式让有空置房的房东主动将房子交给途家，让旅客能享受不同的住宿体验。

实际上，住宿分享已成为欧美的分享经济领域中最受欢迎的模式之一，而在中国，"度假租赁"这个概念才刚起步，在2015年12月，途家网正式宣布启动个人房东的全球招募计划。

对于行业的发展，罗军认为，未来基于分享经济的民宅分享将像滴滴出行的汽车分享一样，进入一个爆发期。途家网自成立以来，用一次次的资本升华受到大众的广泛关注，而这五年多来的四次巨额融资也表明房屋共享行业正在资本风口上，途家正是用自己的壮大推动着行业的发展。

分享经济启示录

如果问中国最贵的资产是什么？答案应该是房子，所以，分享经济中占比最重的领域还是"住"。在海外，分享经济已成为风口，但在中国，分享经济是有必要条件的，而途家网正是发现了这一风口及其本土化的必要条件，在有供求、有诚信体系建设、有分享平台的条件下，站在分享经济风口上的途家就飞起来了。

一本书读懂
分享经济

第 4 章
照料护理：
打破家庭边界，重构服务格局

物品的闲置有时会让我们觉得浪费，其实不只是物品，我们生活中还有很多可以利用起来的闲置资源，比如待业的保姆、退休的老人、放假的学生等，他们有很多事情可以做，比如看护老人、看护宠物等。在分享经济下，这些被闲置的时间、劳动力统统得到了解放！

4.1 Care.com: 老年人理想的护理者

Care.com是一家美国家政服务互联网公司，它通过连接雇佣者和服务人员，让拥有空闲时间并且想赚一些钱的人可以方便地把自己的时间分享出去，Care.com平台上还可以分享家政服务的经验和建议。

Care.com成立于2006年，总部位于波士顿。经过6年的发展，Care.com将业务扩展至全球，不仅成功进入了英国和加拿大，还收购了欧洲最大的家政服务网站Besser Betreut。2014年1月24日，Care.com在纳斯达克上市，市值约5亿美元左右。

一站式服务平台

Care.com成立初期的主要业务是儿童看护，通过不断挖掘看护服务的需求及对家庭看护服务的业务积累，其业务又逐渐扩展到照顾老人和宠物。然而，Care.com的野心远不止于此，为了成为一站式的家政服务

一本书读懂 分享经济

平台，Care.com又推出了房屋清洁、家教等家政服务。

Care.com针对自身用户特点，极大简化了网站的使用方法，雇佣者的使用流程为：免费注册、查阅建立档案、发布职位、雇佣服务人员、支付、评价，雇佣者可以根据自身需求对家政服务提出详细的要求，比如有儿童看护需求的用户可以选择照看小孩的保姆、幼儿中心、家教等不同的类型。服务人员使用流程为：免费注册、发布简历、搜索职位、被聘用、获取薪水，家政服务人员根据自身的能力可以选择提供何种家政服务。此外，服务人员的背景、评论、社会鉴定等信息可供雇佣者查阅，Care.com会严格审查服务人员信息，以充分保障雇佣者的用户体验和安全。

Care.com的收入主要来源于以下三个方面：

1. 个人付费服务

Care.com并不是永久免费使用的，雇佣者和家政服务人员注册成功后可以获得一定期限的免费试用期，在试用期内雇佣者和服务人员可以免费从Care.com获取市场上的供需信息。在免费试用期结束后，如果用户还想继续享受该项服务就需要付费。

2. 商业配对

Care.com还面向传统家政服务公司或代理中介公司提供服务，帮助他们在网上快速地找到需要家政服务的雇佣者，并向家政服务公司或代理中介公司收取一定的费用，家政服务人员则不需要向Care.com支付任何费用。

3. 付费增值服务

如果你以为Care.com的客户都是普通家庭或家政服务人员就错了，它的客户还有可能是谷歌或facebook这样的大公司。Care.com通过与大公司合作，为他们的员工提供对应的家政服务，作为员工的福利。

截止到Care.com上市时，已经覆盖了大约520万个家庭，从市场空间来看还有很大的潜力，因为仅在美国，需要家政服务人员的家庭数就高达5000万。还有一项数据也令Care.com对未来充满信心，据其统计，Care.com平台的重复使用率超过50%，说明用户对Care.com的服务非常认可。Care.com创始人兼CEO希拉·马塞洛说："我们的服务满足了许多家庭一项非常重要的需求，未来这种需求还会不断地增长。"

坎坷中前行

在美国互联网家政服务市场上还有另一个家政服务平台Homejoy，它成立于 2012年7月，总部位于旧金山。Homejoy虽然成立较晚，但是发展速度迅速，只用了不到一年半的时间就将业务扩展至美国31座城市。2014年4月，Homejoy开始进军国际，陆续在英国、德国、法国等地展开业务。不过遗憾的是，由于Homejoy面临"将员工归类为合同工而不是雇员"的法律纠纷，导致其融资变得困难，2015年7月31日，该网站正式关闭。

Homejoy的倒闭给互联网家政服务行业敲响了警钟，Care.com的股价也在下跌，截至2015年10月30日，Care.com总市值下滑到1.85亿美元。作为一家与Homejoy有很多相似之处的家政服务公司，Care.com自然要避免步Homejoy的后尘。

实际上，同属互联网家政服务领域的Care.com与Homejoy在策略上的差异化还是比较明显的。Homejoy的服务重点是保洁服务，另外还有马桶维修、粉刷墙壁等服务，但是比重很小。在Homejoy上用户可以提前跟家政服务人员预约，服务价格为20美元/小时，Homejoy 平台上的家政服务人员就像Uber平台上的司机一样，是可以任意分配时间的自由工作者。Care.com则以护理服务为主，包括儿童、老人和宠物的护理看护，并且在这些业务上保持着极大的专注度。看护服务一般都是在雇佣者家里完成的，不仅服务的质量是很重要的考量因素，雇主安全更是一个值得关注的问题。在这方面，Care.com会对看护人员进行背景调查，进行资料审查。

另外，Care.com服务的对象范围比Homejoy更为广泛，除了普通家庭雇佣者和家政服务人员，Care.com还服务于传统家政企业或其他公司，而Homejoy的客户基本上是家庭雇佣者与服务人员，没有中间企业。

Care.com是美国家政服务平台中率先上市的公司，它的发展前景被资本市场普遍看好，主要原因在以下几方面：

1. 高效配置资源

线下的家政服务资源整合存在诸多问题，比如资源与服务需求的信息对接不对称，会造成一定的资源闲置或浪费。Care.com将这些闲置的劳动力和需求信息放到线上平台，运用互联网系统对其进行信息归类、筛选和匹配，以实现高效的资源配置。

2. 发生安全问题的概率极低

在Care.com专门负责审查服务人员相关背景、评论、社会鉴定等关乎服务安全信息的团队的努力下，Care.com的服务得到了很高的安全保障。

3. 完整的家政服务链

无论是家政服务的雇佣者还是家政服务的提供方，从用户注册到线下服务后的支付、评论等各个环节Care.com都已实现完整连接。线上主导信息流，线下强化服务体验，形成了一整套互联网家政服务链条。

4. 盈利模式多元化

无论企业还是个人，只要有家政服务需求，在Care.com上都可以得到解决。另外，Care.com还可以通过定制其他增值服务实现营收，因此盈利空间巨大。

分享经济启示录

找一个靠谱的保姆照顾老人已成为越来越多忙碌的城市中产家庭的现实需求，Care.com抓住其中的商机，推出在线看护服务平台，让闲置的劳动力资源被高效利用起来。分享经济为人们生活的方方面面带来了便利，人们没有时间亲自去做的事情只需要在手机上滑滑手指，就能找到帮他们做好的人。

4.2 UrbanSitter：宝宝的最佳保姆

每一个细分市场都可以诞生出一家伟大的公司。Care.com以看护护理为切入点，成为一家一站式家政服务平台并成功上市。同样是做看护护理业务，美国另一家创业公司瞄准了一个更细的市场——宝宝看护，用不到三年的时间就获得了1500万美元的融资。可以说，在分享经济下，任何细小的市场都存在成功的可能。

这家公司的名字叫UrbanSitter，它是一个基于Facebook账号的找保姆在线社区。UrbanSitter2014年的数据显示，注册家长用户达7万，注册保姆用户有3万人，成功提供了17万份保姆工作。

保姆服务界的Airbnb

UrbanSitter成立于2011年9月，创始人是一名叫作林恩·帕金斯（如图4-1所示）的女性创业者，同时她也是两个孩子的母亲。2010年11月，也就是UrbanSitter上线前10个月，林恩萌生了

图4-1　UrbanSitter创始人林恩·帕金斯和她的两个孩子

做一个找保姆应用的想法，直接原因就是她被给孩子找保姆这件事折磨得受不了了。

林恩是一个事业心极强的女性，她做了妈妈以后并不想放弃自己的事业，在创立UrbanSitter之前，她经营着一个服装零售网站Xuny.com，但是两个孩子却不能离开人照顾，所以她只好找一个保姆来帮自己看孩子。而寻找称心如意的保姆并不容易，母亲们都希望保姆同时具备爱心、耐心、责任心、专业技能，但这样的保姆是非常抢手的，即使可以找到也要花费很长的时间。

有了做找保姆应用的想法后，林恩马上找来三个朋友共同商讨这个创意是否可行。这三个朋友分别是：互动媒体制作人戴西·道恩斯；旅游网站TripIt的产品经理安德烈·巴雷特；数字媒体代理公司Streamline Social的CEO哈达尔·维索茨基。有了朋友的肯定，林恩对这个创意更加有信心了，很快便着手来做这个计划。

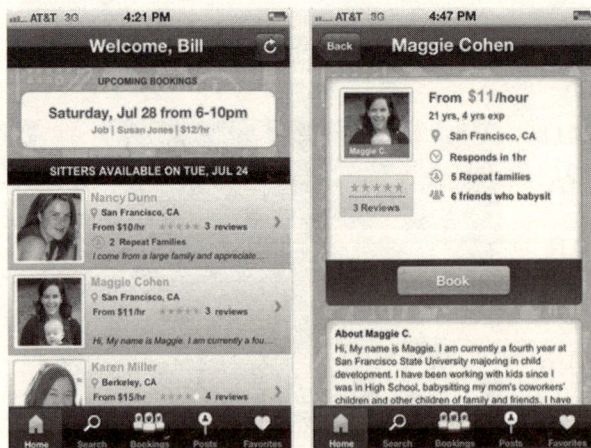

图4-2　UrbanSitter手机端应用界面

从产生创意到产品问世，林恩只用了10个月的时间，她为这个产品取名为UrbanSitter，中文名可译为在线保姆雇佣平台（如图4-2所示）。UrbanSitter的发展速度十分惊人，在6个月时间内，它的服务范围从加州的湾区（UrbanSitter总部所在的区域）扩大到纽约、芝加哥、丹佛、西雅图等城市，不久后业务就遍及美国的主要城市。

最初UrbanSitter并没有建立有效的盈利模式，它的服务完全免费。运营了一段时间之后，UrbanSitter的盈利模式才慢慢建立了起来，它通过收取中介费赚钱，比如父母第一次预约某位保姆需要向UrbanSitter支付15美元，此外，每个月UrbanSitter还会收取一定的展示费。

UrbanSitter最初也没有建立在线支付保姆费用的功能，但林恩很快就意识到了在线支付功能的重要性。很多保姆都反映线下的支付会令雇佣双方产生不小的尴尬，当工作结束时，家长往往得询问保姆："我欠你多少钱？"如果这个过程在线上完成，就可以很好地避免这些问题。

社交+保姆

作为一家提供保姆中介服务的网站，UrbanSitter对于忙碌的新晋父母来说就是一款神奇的育儿神器，它以Web2.0的理念重塑保姆雇佣行业，为父母和保姆提供了更为便捷高效的中介服务。

美国的保姆与中国的保姆可以说完全是两种概念，美国的保姆文化水平较高，对孩子或老人的照顾有一定的专业性，还经常给雇主提供适当的建议，而中国的保姆更偏向于做雇主没有时间去做或不想做的事务。同时美国对保姆的高要求也增加了找保姆的难度，传统的家政服务公司并不能做到家庭和保姆之间的高效匹配，这就为UrbanSitter留下了很大的发展空间。

父母们可以使用facebook账号登录UrbanSitter，登录后可以发布找保姆的信息，还可以搜索出哪些保姆在特定的时间段有空。另外，UrbanSitter可以向用户推送Facebook好友的建议，从而让父母们最快地找到口碑良好又有空档的保姆。

UrbanSitter可以实现这些功能是基于Facebook的Connect服务。借助Facebook的Connect服务，UrbanSitter的用户可以直接访问Facebook数据，比如用户在Facebook的身份、好友列表及隐私设定等。这样一来，家庭雇主和保姆的两个圈子就连在了一起。

由于获得了Facebook的服务支持，所以UrbanSitter的特色之一就是社交元素，用户在创建一个个人资料页面时，很多需要填写的信息都是用户Facebook上面的信息，保姆只需设定好自己可用的时间即可。对于雇主，系统会问家长一些有关孩子的问题，如有哪些特殊的看护需求，这些信息可以帮助父母找到一位更合适的保姆。

父母填写完个人信息后就可以使用网站了，通过输入对保姆的要求搜索出来可以雇佣的保姆，用户在搜索结果中可以查看保姆的资料及前雇主评论的信息。另外，借助Facebook社交网络，如果该保姆为雇主的朋友或是朋友的朋友服务过，也会被用户看见，所以一个保姆在社交网络上的良好口碑可以为她提供更多的工作机会。此外，UrbanSitter也会利用第三方的资源来做一些背景调查，以保障雇主的安全。

UrbanSitter除了PC端的网站服务，也推出了移动端App应用。UrbanSitter推出的新版iOS应用已经十分成熟，父母只需在手机上进行简单的操作就能完成预约，而保姆更是可以一键呼叫家长。UrbanSitter在美国各大城市的家长和保姆心中很快就赢得了不错的口碑,父母们称赞它好用又可靠,解决了自己的大问题。

2014年,UrbanSitter成功融资1500万美元,除了扩展新的市场区域外,林恩也在考虑将该模式复制到其他家政服务上,如家教和宠物保姆等。

分享经济启示录

  当家长们预约一个宝宝看护服务时,他们会有很多的期望,比如要有安全感、要足够的专业,还要便捷,UrbanSitter正是一一满足了用户的这些要求。未来,传统的家政服务模式势必将被打破,像保姆这类只要有空闲时间就可以用来做看护服务的人都将流入UrbanSitter平台进行自由撮合,而不必每个人都挤入到一个家政公司里面再随机进行分配。

4.3 摸摸哒：中国最大的宠物服务平台

近年来与宠物相关的产业发展迅速，人们饲养宠物的目的已经从"养活"转变为"养好"，宠物不知不觉间已经成为人们精神的一种寄托，甚至成为人们生活中的伴侣。据统计，中国的宠物数量已达约1.2亿只，宠物市场的规模约为1000亿元，而针对宠物服务的公司还相对较少，可以说宠物服务还是一片蓝海市场。

2014年，宠物服务平台"摸摸哒"（如图4-3所示）以上门洗狗服务为切入点进入宠物服务市场，并以此为根基发展出了一套完整的宠物上门服务解决方案。可以说，摸摸哒打开了宠物行业服务共享的潘多拉盒子，必将对未来中国的宠物服务行业产生深远的影响。

图4-3　摸摸哒网站首页

摸摸哒的CEO是候国鹏，2014年上半年他和团队就进入了宠物服务行业，2014年12月，摸摸哒正式上线。为什么叫摸摸哒呢？候国鹏解释："在产品研发阶段，我们给它起了两个名字，摸摸哒是其中一个，另一个叫萌工社。后来考虑到我们的行业定位，因为是做宠物服务，就联想到养宠物的人一定最喜欢摸宠物，就选择了'摸摸哒'，当时'么么哒'这个词还是网络流行语，取一个与之谐音的名字对产品推广可以产生积极作用。"

开启宠物美容新纪元

实际上，"萌工社"这个名字并没有被完全抛弃，当候国鹏将业务拓展到B2B领域的时候，他把新的平台命名为萌工社。与摸摸哒面向宠物主人服务不同，萌工社是面向宠物店的B2B服务平台，通过整合宠物食品、用品上游主流品牌厂商，集约化仓储、高效配送，向宠物店提供优质便捷的采购服务，可大大降低宠物店传统采购的成本。同时，萌工社还提供优化宠物店货品结构的服务，从而拉动宠物店的销售收入。萌工社于2015年11月正式上线，2016年4月萌工社更新到2.0版本。

在萌工社上线之前，摸摸哒与线下的宠物店一直都是竞争关系。摸摸哒最初的业务是宠物上门洗澡、美容、健康等，这些服务线下的宠物店也在做，双方在业务上是正面冲突的。如何让宠物主人快速地过渡到宠物上门服务这个新兴领域就成了候国鹏首先要考虑的问题，他首先想到的是滴滴打车用补贴的方式来发展用户。

摸摸哒上线之初，针对小型犬上门洗澡的服务定价是39元，这低于线下宠物店的平均价格。以北京的宠物店为例，小型犬的洗澡价格从30到100元不等，用户在对比价格之后基本都能接受摸摸哒的价格。2015年1月，摸摸哒更是推出了"上门洗狗9块9"的优惠活动，吸引了更多的宠物主人选择这种新形式的上门服务。

从滴滴打车的发展经历来看，分享经济渗透到的每个行业，补贴都是打开市场的最好方式，即先通过降价对市场、消费者进行狂轰滥炸再占领市场份额。不过这种方式也容易陷入烧钱的泥沼，摸摸哒并没有将补贴作为唯一的推广方式，而是在服务上进行升级，使价格逐步变得理性。

2015年5月，摸摸哒发布了中国第一辆移动洗狗车，将移动服务带入到宠物服务行业。在移动洗狗车内，有精心设计的宠物洗澡区、美容区，配上360度的照明系统、高光泽耐腐蚀的面板、专业齐全的设备，为宠物提供干净、卫生、舒适、高效的宠物美容服务。

目前，摸摸哒既有自己上门的业务，又有与宠物店的合作，在宠物服务这条路上越走越宽广，越走越长远。

宠物服务行业进入收割季

候国鹏本身是一个非常喜欢动物的人，巧合的是，他的天使投资人、中路集团董事长陈荣也是一个喜爱动物的人。2014年12月，摸摸哒成功获得中路集团数百万元的天使投资。

拿到投资后，候国鹏带着自己的团队入驻阿里百川（创业孵化器），在快节奏的创业时代，候国鹏不敢落后竞争对手一分一秒，摸摸哒的加速孵化就等于迅速扩张。更重要的是，摸摸哒在阿里百川可以更好地获得新的投资机会。

2015年8月，摸摸哒完成了公司历史上第一次收购，收购的对象是另一家宠物服务公司"美宠"。美宠隶属于上海比熊网络科技有限公司，创始人兼CEO是黄超奇，曾任职于滴滴打车。美宠与摸摸哒于同期起步，也获得了中路集团的投资，只不过摸摸哒主攻北京宠物服务市场，美宠则一直耕耘于上海。这样的格局与曾经的滴滴打车和快的打车很像，最终滴滴和快的走到了一起，摸摸哒与美宠也是如此。

收购美宠后，摸摸哒坐稳了北京、上海两地宠物服务行业第一的位置，与其他竞争对手拉开了较大的差距。摸摸哒的下一个目标是全国的宠物服务市场，开始对其他城市同类业务的公司进行快速并购。

分享经济启示录

在分享经济领域，服务的共享具有无限的创新空间，每一种有用的特殊技能都是一个资源，把这些资源充分利用起来，方便别人的同时还能为自己带来可观的收入，何乐而不为呢？摸摸哒以宠物服务市场为切入点，不仅为很多宠物美容师带来更多的工作机会，还为线下宠物美容店带来了不错的客流量，让这个曾经不被人们关注的行业变得火热起来。

4.4 DogVacay: 全球最大的宠物照料移动社区

对于喜欢宠物的人来说，长时间出行是不太容易实现的事，宠物成了主人的后顾之忧。为了解决宠物主人的这一需求，宠物寄养行业应运而生。近年来，宠物寄养行业延续上升势头，在大城市里更是火爆，春节期间宠物寄养服务价格翻番仍然出现供不应求的情况。

在美国，已经有一家叫作DogVacay的互联网创业公司进入这个市场，向有宠物寄养需求的宠物主人提供宠物寄养服务。DogVacay成立于2012年3月，首先在美国加州的旧金山和洛杉矶提供服务，只用了三个月时间就已经拥有数万用户和超过4000个寄养家庭。2014年11月，DogVacay成功获得2500万美元的融资。

DogVacay的创始人亚伦·赫尔希霍恩和卡琳·尼辛是一对夫妻（如图4-4所示），他们养了一条叫Rocky的宠物狗，有一次他们把Rocky放到养狗场寄养了几天，回来后Rocky钻到桌子底下一天多没出来。虽然狗不能对养狗场的寄养服

图4-4　DogVacay创始人赫尔希霍恩夫妇

一本书读懂
分享经济

务写出评价，但Rocky的表现已经表明养狗场的服务糟糕至极。

宠物寄养界的Airbnb

受到这次寄养宠物经历的启发，赫尔希霍恩夫妇萌生了创建DogVacay的想法。亚伦认为，有很多宠物爱好者都有空闲的时间和空闲的场地，并且希望通过帮助护理宠物来获得一些额外的收入，但是由于地域等因素的限制，他们通常很难找到客户。DogVacay就致力于为这些宠物爱好者提供一个中介平台，帮助他们与宠物主人达成协议，既省去了向寄养中心支付高昂的费用，同时又能让自己心爱的宠物获得周到照顾。

DogVacay移动端的界面设计采用了Airbnb的设计风格，用户在注册的时候可以绑定自己的Facebook和e-mail，注册完毕后，用户可以根据自己的位置、宠物需要寄养的时间、价格等条件筛选出合适的看护人来寄养自己的宠物，在DogVacay的要求下，宠物看护人的资料都十分完整与详细。

宠物看护人为了能接到更多的订单，需要在自己的展示页面下一定的功夫，比如放一些温馨的照片、展示自己的宠物等。寄养人可以点击查看看护人的详情，如果想了解更多的寄养服务内容，DogVacay还提供申请面谈、提出问题和申请预约的功能按钮。如果寄养人对看护人的家庭环境不满意，还可以选择让看护人来自己的家里进行宠物看护，只不过这样的服务价格要高一些。

对于宠物安全问题，DogVacay考虑得也很周到，为用户的宠物设置多层安全保障。首先，DogVacay为宠物专门定制了具有GPS追踪功能的项圈，其次，看护者有义务定期将宠物的日常生活通过视频、照片发送给主人，让主人可以实时了解宠物的生活情况。最后，DogVacay还提供了不同种类的动物保险，保额最高可达两万五千美元。DogVacay还与各个当地的宠物医院建立了合作关系，及时救治发生突发疾病的宠物。

DogVacay还开辟了宠物看护专属的博客，在博客中用户可以分享关于宠物的一切信息、互相传授养宠物的经验等。用户遇到问题，直接登录这个博客就可以找到解决方法。

对于想成为一名看护者的宠物爱好者来说，DogVacay为他们提供了一个很好的平台，而且方法也非常简单，用户可以直接登陆网站，注册成为看护者，网站的工作人员进行审查，调查背景情况并通知申请者前来面试，通过面试审查之后用户就可以获得批准，成为一名看护者。

2013年是DogVacay快速发展的一年，平台累计注册了两万名宠物看护者，完成了100万个宠物看护服务订单。随着业务规模的扩大，DogVacay更加重视高质量的客户服务，为了确保每一位寄养人都能获得良好的体验，DogVacay限制每名看护者同时最多只能接三个订单，并且被要求在工作过程中接受教育和培训。

带薪水的玩乐

59岁的杰伊·科布伦茨是一位住在加利福尼亚州奥兰治县的爱狗人士，他处于半退休状态，有充裕的时间来陪伴他的宠物。不过，当科布伦茨的大丹狗去世后，这种美好的生活便戛然而止了，他无法立刻让别的狗取代它，所以并没有急着再养一条狗。但是科布伦茨又不能忍受生活中没有狗狗的陪伴，于是他想出了一个更好的主意：帮其他人照看他们的狗。

当科布伦茨接触到DogVacay后，他的生活发生了巨大的转变，"对于像我这样喜欢狗的人来说，这就是有薪水的玩乐。"科布伦茨兴奋地表示，并且马上就注册了DogVacay会员。科布伦茨顺利地通过了面试审查。

完成注册之后，科布伦茨设定了自己的收费价格：30美元。其中网站还会收取15%的服务费，即便在价格普遍低于养狗场的DogVacay，科布伦茨的价格也已经算是非常便宜了。科布伦茨还要求宠物主人顺便带来自己的皮带、碗和食物，主要是为了避免狗因为不吃陌生食物而生病。

科布伦茨在DogVacay上仿佛找了新的职业，他对这项工作尽心尽力，客户们也非常信赖他。这项工作给他带来了极大的乐趣。

分享经济启示录

DogVacay平台上聚集了全球各地一大批愿意让宠物在自己家里小住的宠物爱好者，他们把自己的时间、空间共享出来，帮助那些没有时间陪伴宠物的人们看护宠物，从而收取一些看护费。DogVacay的理念是：为用户的宠物提供一个临时的家，而非一个笼子。在美国，已经有很多学生通过DogVacay赚零花钱。分享经济让每个空闲的人都有了工作的机会。

4.5 Swifto：向用户提供最佳的遛狗体验

宠物服务是一个巨大的市场，你听说过代人遛狗的服务吗？位于纽约的Swifto公司就可以提供这种服务。经常遛狗会让狗狗形成一种习惯，但是狗主人难免会出现没有时间遛狗的情况，这时候怎么办？交给亲戚朋友去遛，一次两次还可以，久了朋友也会厌烦。雇人吧，又不放心自己的爱犬。

以前，主人通常会让自己的爱犬"委屈"一下，等有时间了再遛。而现在，主人有了新的选择，Swifto网站上提供了优质的遛狗服务，主人完全可以放心地把自己的爱犬交给Swifto，然后去忙自己的事情。

Swifto成立于2010年，运营第一年中每个月营业收入都保持了上升趋势，月均营业收入增幅达到20%。2013年Swifto的业务收入达到了100万美元，其业务开始向波士顿、旧金山和芝加哥等城市扩张。Swifto的目标是成为遛狗领域内的Uber，从它的发展来看，Swifto在遛狗领域已经形成了不错的声誉，很多客户在Yelp（美国最大的点评网站）上给了Swifto很高的服务评分。

遛狗过程的真实还原

喜欢狗的人会非常享受狗狗为家庭带来的欢乐，和狗狗在晚饭后一起散步，一起在草地上玩耍。但是对于狗的主人来说，狗狗并不是生活的全部，而在狗的世界里主人却很可能就是它的全部。于是，当主人开始做别的事情时，狗狗就会感到自己被冷落了。

作为专业的遛狗服务公司，Swifto将遛狗这件小事做到了极致。

首先，Swifto平台上的遛狗服务是建立在信任基础上的。很多提供遛狗服务的公司遭到了大量用户的抱怨，如"见不到遛狗者本人"、"遛狗者没有完成约定的任务敷衍了事"等。Swifto允许用户和遛狗者在交易达成之前见面，而且这个过程不产生任何费用，用户如果对遛狗者满意，就可以将遛狗任务放心地交给对方。

其次，Swifto为每位遛狗者都配备了GPS定位装置，这样狗狗的主人对遛狗者的遛狗路线可以了如指掌，通过手机客户端实时进行查看。而遛狗者可以通过Swifto的应用来查看每条狗的遛狗任务从而安排出最佳的遛狗行程。在遛狗者遛狗开始和结束时，Swifto都会以信息的形式通知狗的主人，同时会向主人发送一张遛狗过程中的照片。

Swifto对平台上遛狗者的要求比较严格，申请成为遛狗者的人必须要有养狗的经历，有看护狗狗的经验以及其他Swifto网站所列的标准。然而这仅仅是第一轮选拔，申请成为遛狗者的人还要经过三轮面试和一个相应的培训，最后通过一个相关的考试才能成为Swifto平台上的遛狗者。所以，成为Swifto上的遛狗者并不容易，但高要求也打造出了优质的遛狗服务。

Swifto希望遛狗者可以与自己展开完美的合作，照顾好用户的爱犬，但是Swifto也清楚地知道意外是不可避免的。为此，Swifto采用为遛狗者提供遛狗保险的方式来降低风险可能带来的损失。Swifto公司为遛狗过程的保险可以覆盖任何的事故，比如遛狗过程中小狗可能会意外地对遛狗者或者旁人发起攻击，在公司提供的双重保险保障下可以避免不必要的损失。而遛狗过程中小狗如果出现意外或者生病，还有兽医护理保险。

Swifto提供的遛狗服务已经成为行业标杆，美中不足的是它的价格并不那么容易让人接受，遛狗费用半小时最高可达35美元，最低也要半小时20美元。但高昂的定价策略似乎并没有影响Swifto的生意，或许有遛狗服务需求的家庭普遍为中产及以上家庭，他们的特征就是有钱但没有时间。在交易方式上，用户和遛狗者通过Stripe（美国一家网上支付公司）完成。

短兵相接

尽管成立比Swifto晚了4年，但这并不妨碍Wag（如图4-5所示）成为Swifto最大的竞争对手，这家总部位于洛杉矶的公司如今已将业务开展到了旧金山及Swifto的"老家"纽约，双方展开了正面交锋。

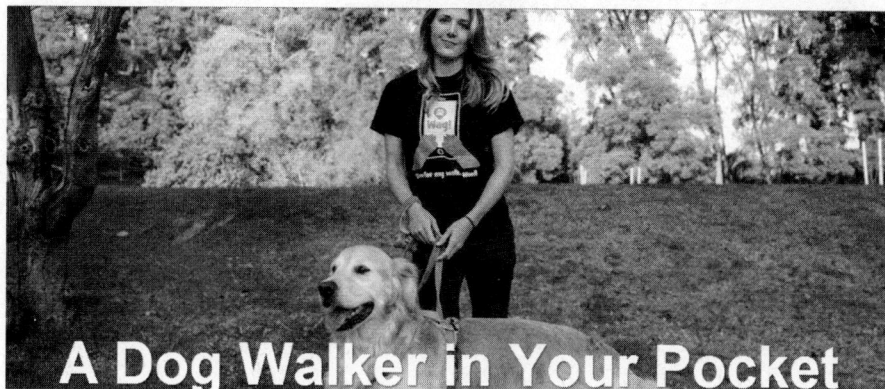

图4-5　遛狗服务公司Wag网站首页

Wag的运营模式与Swifto大致相同，Wag计划在美国的10个城市推广业务，在洛杉矶，Wag已经确定了商业模式和盈利方向，未来他们需要做的就是以相同的模式快速复制到下一个区域，完成扩张。

当然，这显然是Swifto最不愿意看到的，与Wag相比，Swifto的扩张计划进展得并不顺利，在旧金山地区的业务进展没有完成预期的计划，而Wag则在旧金山发展良好，业务增长了3倍左右，并且很快就可以实现盈利。

在融资方面，两家公司可谓是旗鼓相当。2013年4月，Swifto获得标杆资本250万美元的投资，而Wag也获得了250万美元的种子轮融资，不过Wag没有向外界公布详细的融资情况。

对于未来两家业务模式一模一样的公司将如何发展，是两分天下还是合二为一，我们不能妄自猜测，但可以肯定的是，宠物服务领域还有很大的商业空间。

　　从表面上看，Swifto是一家开展替人遛狗业务的公司，在常人眼里这只是不起眼的"小事"，但实际上Swifto在这件小事上取得了不错的成绩，不仅业务获得快速增长，还获得了投资者的青睐，这背后很大的原因在于共享服务的概念被市场所接受。Swifto在线下花费了很大的精力，对招聘的遛狗者有近似苛刻的条件要求，其主要目的就是为了能让用户放心，建立双方的信任。对于如何做共享服务，Swifto给了我们很好的答案：只有为客户提供满意的服务，才会让客户源源不断地涌来。

第 5 章

美食共享：
令吃货们脑洞大开的另一种思路

在分享经济时代，餐饮行业是很残酷的，跟不上时代脚步的餐饮企业会被更迭替代，如今餐饮业在线支付和美食自由职业者等新事物都发生了巨大的变化，美食变得更加个性。对于吃这件事，大家已不再只关注食物的本身，而是向好玩有趣转移，并由此衍生出一些共享美食平台，比如吖咪、我有饭等，它们使吃货们不仅能享受到独特的美味，还能体验不一样的生活。

5.1 吖咪：让美食完成跨界创新

2015年，吖咪厨房社交平台正式成立，它本质上是一个社区，上面聚集了一批对生活品质有追求且喜欢做饭的年轻人，目前共有三类服务，分别是厨艺课堂、私人饭局和美食派对。在吖咪平台上，美食达人主要负责"做"，美食爱好者则负责"吃"，双方通过有主题的社交活动以食会友，从而形成了一种非常强大的关系模式——线下社交反哺线上社群。当美食撞上社交，吖咪就有可能成为"美食界的Airbnb"，改变人们吃饭的方式。

做美食行业的颠覆者

从创办易积电器到玩转美食分享经济的吖咪厨房，吖咪创始人季攀的创业之路与互联网的发展是紧密相连的，他之所以能跨界成功，离不开他敏锐的"触觉"。从创业出身来看，吖咪属于"非屌丝"，它的背后是有着"电商界屈臣氏"之称的易积电器，之所以会进入这个领域，是因为易积电器在运营中发现了用户的需求。

2014年11月，易积电器试着做了一场线下酸奶Party，效果非常好，之后季攀就创立了吖咪网站（如图5-1所示），在天使阶段获得了IDG、挚信等投资机构的投

图5-1　吖咪网站界面

资。谈及做吖咪厨房的理由，季攀认为，未来的美食不应该仅仅是吃。

对于美食，季攀有自己的另一种理解，这一切都源自于餐饮的连接方式、从业者和消费者各方面都发生了巨大的变化。他认为，餐饮行业在未来五年内会快速更新迭代，消费者通过手机就能完成订单，这种使用方式将使美食的线上订单增长。

另外，美食者对美食的认识也发生了巨大的变化，以前他们只看重食物本身，而现在会更加看重对事物的体验。除此之外，餐饮从业者也会呈现多态化的趋势，有开店情结的人及喜欢开店的社交者都会加入到餐饮行业中。当然，美食本身的价值也在逐渐改变，美食身上有了"有趣""好玩"的标签，充分发挥着跨界连接的作用。

对于餐饮行业的市场变化，季攀决定跨界，并思考着美食在分享经济的背景下如何才能爆发出新的价值。有了进军美食行业的想法后，季

攀将自己定义为"颠覆者"，即要尝试进行美食革命。

季攀之所以称自己为颠覆者，是因为吖咪厨房要从厨房餐厅场景中发现美食的新价值。吖咪厨房根据美食爱好者的行为习惯，将美食场景分为三个方面，分别是体验美学、空间链接和跨界社群。

其中，体验美学体现的是食物以及呈现的艺术感；空间连接是实现美食爱好者的厨房梦想以及美好的进餐环境；而跨界社群就是挖掘饭局新社交价值，即美食从功利性的价值变成共同爱好者互相认识的需求。由此不难看出，美食、空间和社群这三者相互连接，在美食场景下，会进一步提高美食的价值，使美食成为生活方式的代表和社交的连接者。

季攀想做颠覆者，很有可能会被人认为是一种情怀，其实季攀并不是一个感性的人，他非常理性，他知道，要在美食方面实现商业价值，必须将场景革命的效用落实在具体的产品上。

对于产品，吖咪厨房不是规划出来的，而是"种"出来的，最初的"种子"就是2014年11月做的那次"酸奶趴"。易积电器在经营小家电时，积累了各种QQ群和微信群，季攀发现，用户并不满足于线上交流，他们更期待在线下能有进一步的沟通。所以，2014年11月他举办了一场"酸奶趴"，这次活动成为吖咪厨房的第一次MVP实验，这次活动的反馈效果，给季攀之后的业务扩展带来了极大的信心。

吖咪刚成立7个多月，举办了超过5000场的美食活动，已在北京、上海、广州等10个城市完成布局，与其合作的美食达人超过1万人，建立和运营的社群超过1000个，拥有超过30万的美食爱好者。积累大量用户后，吖咪厨房可以进行下一步的发展，比如达人社交、支付工具等，它不再只是最初的电商品台，新产品会成为他的增值服务，大大提升了吖咪厨房的附加值。

截至2015年底，吖咪厨房还在不断打造和升级产品，它已拿到A轮融资，对于吖咪厨房来说，走得稳才是最重要的，正如季攀所说："从易积电器到吖咪厨房的跨界实践，一切发生得很自然，但过程却不自然。"究竟"自然"还是"不自然"，或许只有季攀自己知道，因为吖咪厨房从遇见到产品，再到实际运营，他经历了这一过程的各种跌宕。

全球美食家

吖咪厨房想做全球美食家，它会努力将每个可能与美食有关联的人连接在一起。美食是没有国界的，它可以互通。

在中国，很多全职妈妈以及非职业妈妈对生活美学的追求和理解，与之前相比，发生了很多变化，因为她们认为，自己追求的不是职业，而是更好的生活，有相当多的个体都成为美食的创造者。

一些有阅历的人，因为积累了不少美食经验，他们非常愿意与人分享，也愿意走到台前向人们介绍，从而获得更多的存在感和价值感。可以说，美食达人进行连接后，就能创造更多的价值。

吖咪厨房的团队不足20人，他们大多有着快消品的Marketing背景，所以，吖咪厨房做出来的产品十分有创意。吖咪厨房在线上有两款APP，分别是吖咪厨房和吖咪厨房研究所。

其实，从本质上来看，吖咪厨房是一个社区，它聚集了一批对生活品质有追求且喜欢做饭的年轻人。为了提高用户体验，吖咪厨房会定期举办线上活动，选择一些有故事的"厨艺达人"做厨艺分享。不过，参与活动的用户需要缴纳一定的报名费，而这些收入都归"厨艺达人"所有，平台不会收任何佣金。

吖咪厨房研究所是达人聚集的地方，在这个平台上，每个达人都有属于自己的板块，在板块上，达人们可以记录自家食谱和心得。除此之外，吖咪厨房还会将达人的教学制作成视频，放在网络上进行传播，这对达人来说，无疑是一个建立个人品牌的机会。

另外，很多达人有跨界交流和学习的需求，而吖咪厨房搭建的这个社群平台就能较好地为他们提供做活动以及向其他达人学习的机会。吖咪厨房每次举办活动之前，都会对达人进行简单的培训，教他们更好地将自己的美食和知识分享给他人，这在一定程度上大大提升了达人的素质。

对于餐饮行业，季攀有自己独特的见解，他认为，做餐饮行业的公司可分为两种：一种是"饱饱的"，另一种则是"美美的"。其中，"美美的"的公司又可以分为三类：第一类是从信息方面做好一顿饭；第二类是为就餐者精心挑选出优质的就餐场景；第三类则是专注人的体验。季攀认为，吖咪厨房属于第三类，它一直强调"生活美学"理念，在一场线下体验教学活动中，吖咪厨房希望所有参与者获得的一切都是"美美的"。

由于不同的城市具有不同的美食特质，吖咪厨房采用的是因地制宜的方式，在不同的城市实行不一样的创新点，比如广州的餐饮业比较成熟，人们追求的不是吃饱，而是吃好。针对这一特点，米亚通过更多创新的饭局、主题"美食趴"和分享会活动，以此来吸引更多对生活有品质需求的人。

在同类中，吖咪厨房的数据已遥遥领先，之所以能做到这一点，不仅在于吖咪厨房依托易积电商上百万会员，拥有一定的用户基础，还在于团队对场景有了更深的思考，在增值服务、美感等方面做得比较好。

2016年，吖咪厨房成为中国最佳创新公司50强，估值已超过3亿人民币，并启用yami.ren作为网站主域名。

分享经济启示录

在分享经济背景下，吖咪厨房搭建的平台连接了人与人的价值，充分释放了私厨、大咖以及料理爱好者的空闲能量，在"吃"这方面，为美食爱好者提供了一个除餐厅外的另一个选择。不难看出，吖咪厨房抓住了互联网思维和方法论这两个要点，对传统餐饮行业进行创新，顺应了消费升级的新变革，具备较强的市场竞争力。在分享经济时代，未来充满了无限的可能性，吖咪厨房能否走得更远，让我们拭目以待。

5.2 虾BaBy：让你吃到超级美味的原产地小龙虾

2015年3月，虾Baby成立，主要以小龙虾产品为切入口，通过为用户搭建"外卖美食+线下社交"的消费场景，盘活线下闲置资源，这种分享经济的商业模式，不仅满足了用户的美食需求，让用户吃到了超级美味的原产地小龙虾，还为传统餐馆提供了客流量，大大提高了经济效益。

与餐厅共享厨房

每逢夏季，小龙虾就成了人们最喜爱的美食之一，有数据显示，小龙虾是中国餐饮行业市场规模最大的单品类之一，占比约为3%～4%。因此，小龙虾创业项目虽受季节性影响较大，但仍受创业者们的喜爱。

虾baby就是小龙虾外卖的品牌之一，它与大多数的外卖项目有些不同，它不是自建厨房，也不是自建物流团队，而是与餐厅共享厨房，与第三方物流合作，未来有可能成为爆品的孵化器。

虾baby是由马懿宏和另外两个好朋友一起创办的，他们之前没有接触过餐饮业，之所以选择美食这一行业，是因为他们都比较热衷美食，而且他们认为，互联网模式会深入改变传统行业，餐饮业无疑蕴含着巨大的空间。

之所以会选择小龙虾这一品类，不仅因为单品客单价高，标准化比

一本书读懂
分享经济

较容易，而且市场存量较大。虾baby成立后，便开始寻找合适的厨房，然而要找到一个合适的厨房并不容易，不但需要烦琐的手续，还要考虑地理位置、租金等条件。

在寻找合适的厨房时，虾baby发现，位于天辰大厦西门的"倍儿有面儿"主要是为附近写字楼的白领提供中式正餐，午餐时间时座无虚席，但到了晚上顾客就寥寥无几。虾baby经调查了解到，很多饭店都与倍儿有面儿的情况一样，马懿宏很快意识到，虾baby主打小龙虾夜宵美食，或许可以将这闲置资源充分利用起来，即与别人共享厨房。

后来，虾baby就选择与倍儿有面儿面馆进行合作（如图5-2所示），因为这家面馆中午生意很好，晚上的生意比较冷清，虾baby就可以利用其厨房的闲置资源进行生产，按照一定的比例给面馆一定的合作费

图5-2　虾baby与倍儿有面儿达成合作

用。这样一来，虾baby不用负担高昂的店租，而面馆也能从虾baby的营业收入中获得部分分成，双方的成本都得到了降低。

虾baby与倍儿有面儿面馆合作二十多天时，面馆每晚的上座率明显增加，合作优势初见成效，而虾baby也逐渐打响了自己的品牌，以面馆

令吃货们脑洞大开的另一种思路

第5章　美食共享：

为配餐地，形成了一个顺畅的O2O餐饮外卖模式。

五个月后，虾baby又与剧空间餐馆完成合作，共享店面。与其他的传统餐饮同行相比，共享式的店面运营方式一年就能省下70%的房租成本。

一般来说，虾baby比较喜欢与产品类型单一且能形成互补的火锅店进行合作。除此之外，合作的餐馆也会成为虾baby物流的集散地，它采用的模式是与第三方物流团队进行合作，配送范围是北京六环内。

由于麻辣小龙虾是非常适合聚会场景的美食单品，所以深受创业圈和媒体圈的喜爱。

"美食3.0"的新想象

卖虾或许只是一个开始，虾baby想做的是，成为一家有想象力的美食品台，进入"美食3.0"时代。马懿宏认为，在"美食1.0"时代，篮街是最典型的代表，在这条街上，传统餐饮品牌聚集度比较高，都是成规模的，他们通常以大量食客排队为自豪，但由于受到物流、客流的限制，他们的影响力只能局限于这个地理区域内，很难走出去。

在"美食2.0"时代，饿了么、美团等餐饮O2O平台的出现，让不少小品牌、小饭店的食物能够有机会进入消费者的餐桌，虽然消费者订餐比较方便，不用再排队，但这些餐饮品牌很少能深入人心。而在"美食3.0"时代，"1.0"和"2.0"时代的特色就能进一步得到融合和升华。

除了主打几款明星产品外，虾baby每月都会更新一次菜品，并坚持原产地供货，坚决不用一只死虾。虾baby的主要目标人群是冲动型消费、品味型消费的年轻人群体，并为自己定下了很多品质控制方面的规定。

一本书读懂
分享经济

在线下体验店里，用户可以近距离地感受品牌，而线上外卖又能大规模地引爆订单量。通过麻辣小龙虾这种爆品，虾baby打响了品牌，聚集了大量的粉丝。虾baby运营不到半年，线上销售额是线下堂食的2.5倍，已获得风投领域近千万元估值。

实际上，虾baby不局限于共享厨房，做外卖堂食一体化，其目标是做爆品孵化器。在百子湾，虾baby拥有一个近300平方米的中央厨房，用于孵化和打造外卖爆品。虾baby想将百子湾厨房打造成为一个产能最大化的厨房，产能最大化主要来自于订单，想要在一个地区内获取较多的订单，就需要有多款爆品，以发挥集体的效能。

所以，虾baby与智能烹饪"棒舒味"一起协商，共同孵化和引进爆品IP（Intellectual Property，知识财产），百子湾厨房充当的是引进IP的复热点，这一点与黄太吉极为相似，而孵化的IP会在该厨房进行研发和生产。baby饭盒就是虾baby新孵化出来的一个品牌，其定位是快餐。

其实，孵化爆款有一个统一的标准，在口味上，要有一定的辨识度，还要有新鲜感。除此之外，不能依靠大厨，以确保规模化生产的品类，最好就是没有被引入过的。

未来爆品扩展到其他地区，虾baby可能会采用引进第三方合作伙伴的方式，比如：百子湾厨房若能轻松达到500单，就能赚不少钱，这时就能引入合作商，并按百子湾中央厨房的格局建立，虾baby可以承担品牌、流量和服务的工作。

在北京新街口，虾baby有一家60平方米的店面和厨房，每天的外卖订单在200～300单，客单价约200元，主要靠新街口方圆5平方米范围内的精准地推的方式来获取客户。2016年，虾baby的团队总共有30人，其中，厨师团队超过10人。

在2015年4月，虾baby曾获得了300万元的天使轮融资，投资方为起源资本、真顺基金和集结号。2016年4月29日，虾baby作为互联网创业餐饮品牌，迎来了自己的一周年庆典。

回顾2015年，融资环境普遍冷峻，在这场激烈的小龙虾外卖市场竞争中，虾baby能够顽强地存活下来，并成功获得投资机构千万级别的融资，虾baby的创业之路可谓成功。

虾baby的团队从最初的4个人发展到50多人，从借用别人一口锅起家到拥有700多平方米的生产中心，从日均只有7个订单到年累计卖出90万只小龙虾，从10万元起家到获得千万级别融资，不得不说虾baby能取得这样好的成绩，与其优异的产品品质和独到的互联网模式有莫大的关系。

在一周年庆典上，虾baby发布了2016年"美食多IP、多场景"的战略，首次发布了虾baby品牌、龙虾海鲜山外烩产品以及baby饭盒品牌。未来，虾baby希望能为更多人提供服务，而且要服务得更好、更贴心。

分享经济启示录

虾baby虽然看起来像一个传统的餐饮项目，但其产品关键在于社群和分享经济，通过整合线下餐厅和时间资源，通过自身的努力，提升了品牌的知名度。同时，还强调了文化属性，进行社群粉丝的沉淀，最终通过产品的变现实现了社群的价值。

一本书读懂 分享经济

5.3 爱大厨：私人定制的名菜美味

2013年底，爱大厨在北京成立，它是国内首家提供专业厨师上门服务的移动平台，用户可以通过这个平台预约厨师，与亲朋好友体验尊贵的私人菜单定制，在家就能享受到星级厨师的烹饪服务。爱大厨上线不到三个月，就受到大众们的喜爱，已覆盖北京、上海和深圳三个地区。随着餐饮O2O行业的火热发展，在订餐平台时代，爱大厨的创始人薛皎另辟蹊径，创造了"厨师上门"这一新模式，开启了餐饮O2O的4.0时代。

从厨师上门切入餐饮O2O领域

爱大厨是由薛皎和另外两位伙伴创立的（如图5-3所示），这是薛皎的第三次创业。

图5-3 爱大厨网站

一次偶然的机会，他发现了新的商机，比较看好O2O领域，便转战餐饮业，创立了爱大厨。

在爱大厨这个平台上，如果用户有厨师上门的需求，可以通过四种方式来预约厨师，分别是400电话、爱大厨APP、爱大厨微博以及爱大厨微信，而预约厨师时，用户通常有两种选择：指定某位厨师，或由爱大厨平台为用户推荐厨师。

爱大厨为用户提供的烹饪服务共有三种：第一种是四道菜，69元；第二种是六道菜，99元；第三种是八道菜，129元。在这三种烹饪服务中，食材费用是不包含在内的，厨师可以帮助用户买菜，具体菜谱需要由用户和厨师协商之后确定下来。

另外，在2014年年底，爱大厨根据不同的使用场景，推出了定制服务，比如家宴、年夜饭等。爱大厨推出的私人定制服务，定位比较高端，不仅派出了厨师，还派出了服务经理以及美女服务员，甚至还会专门配备适合特殊场合的餐具、餐盘，使用户在家就能享受到五星级饭店或私人会所的待遇。私人订制服务的定价，需要根据用户的需求来制定。

薛皎认为，以前，用户解决吃饭问题不是选择在家做着吃，就是选择去餐厅吃和外卖，现在，爱大厨的出现无疑为用户开辟了第四种方式——将厨师请到家里做饭。同样是餐饮，但爱大厨是以厨师上门的方式切入到餐饮O2O领域，使其吃到了整个餐饮行业25%的"蛋糕"。

为了使用户体验更加流畅及舒适，爱大厨对厨师进行了严格的把关，主要招收五星级酒店以及私人会所的厨师，必须要有5年以上的工作

一本书读懂
分享经济

经验。对于平台上已"上架"的厨师，爱大厨会对其身份证、健康证等进行备案留底，并对厨师进行面试、试菜。

另外，爱大厨会不定期对平台上的厨师进行业务培训，告知厨师一些相关规则，也会将一些好的建议和想法与厨师交流。此外，如果爱大厨发现对某位厨师的评价太差，或者在流程过程中发现厨师不适合，就会对其进行下架处理。

薛皎认为，用户是不能伤害的，一旦伤害了，要么会"吐槽"你，要么不再使用你的产品和服务。所以，爱大厨对厨师的线下服务做了相关规定，比如：厨师进门时，需要穿上鞋套，穿着统一的厨师服饰等。

爱大厨的厨师可以分为兼职、全职和拿底薪的厨师，一般来说，在平台较久且评价不错的厨师可以拿到爱大厨提供的底薪。在爱大厨平台上，共有1000名厨师，其中有50名是全职厨师。对于核心厨师资源，爱大厨会与厨师签订排他性合同，以保持自己的核心竞争力。

2015年7月7日，爱大厨获得千万美元A轮融资，在本轮投资中，由达泰资本领投，500彩票网跟投，此次融资主要用于向更多城市扩张，提供更加精细化的服务，以此来满足用户在家吃饭的需求。

打造私厨上门饮食生态链

在2015年的业务基础上，爱大厨在2016年继续围绕吃饭这件事，进行更多的思考和尝试，这样不仅可以加深服务细节，还能进一步扩大产品和服务的多元化，打造一条私厨上门的饮食生态链。

通过爱大厨这平台，用户请个厨师到家做饭（如图5-4所示），就能解决用户不会做饭或没时间做饭等问题，可以说，爱大厨满足了用户在家吃饭的需求。但由于上门大厨提供的仅是服务，食材并不包含在服务费用里，所以，这就延伸出用户的另一个需求——买菜。

图5-4　请厨师在家做饭

一般来说，用户预定大厨后，可以有两种选择：一种是自己自备食材，另一种是免费请厨师代买。如果用户选择后者，代买食材的厨师会提前到用户家附近的超市购买，然后，厨师凭超市小票向用户报销食材费用，这也是一种不错的方法。

不过，让厨师代买食材，也会遇到一些问题，比如：交通和寻找超市以及食材的时间具有不确定性，厨师有时在一家超市买不齐所有食材，还需要去其他的超市，或与用户沟通后，用其他食材来代替。

为了解决这个问题，爱大厨以北京为试点，采用了"食材供应点+厨师配方"的方式。在城市中，爱大厨会根据片区划分，设立食材配送点。当用户下单后，爱大厨会根据用户的需要打包好食材，厨师上门

一本书读懂
分享经济

前，就可以直接到配送点领取，由厨师来完成配送工作。爱大厨采用这种方法最大的优点就是，不但能节省厨师买菜的时间，还能提前准备好食材，避免了厨师因买不到某种食材而与用户协商改菜的情况。

2016年3月，爱大厨与北京周边的几家有机农场进行洽谈，为用户提供有机健康的绿色生态食品，由于是集中供货，所以，爱大厨给用户提供的食材价格比超市卖的要便宜。自私人订制上线以来，这一直是爱大厨的业务重心，也是爱大厨向互联网高端餐饮市场进军的核心武器。虽然用户消费频次并不高，但能满足用户所有重要家庭场景的高品质就餐需求。

爱大厨的私人定制大致可以分为两类：一类主要服务于家庭，有家宴和生日宴两种；另一类主要服务于企业，有商务宴和茶歇业务。爱大厨会进一步细化私人定制的服务场景，根据不同的场景面，设计更丰富的主题特色菜品，以满足用户多样化的需求。

分享经济启示录

在过去，很难想象一个普通家庭会请得起厨师上门，这似乎是有钱人家才能享受到的服务，而爱大厨的出现，就将这种服务场景推动到家家户户，使人们在家就能享受到五星级酒店的待遇，而且价格实惠。爱大厨这种专业厨师上门做饭的方式，不仅能为顾客提供高水准的菜品，还能在食品安全、就餐环境等方面产生质的变化，从而改变了人们的生活，满足了顾客的多元化需求。

5.4 隔壁味道：最真实的家庭味道

隔壁味道是一个共享家庭厨房的美食平台，它将退休的大妈、大叔和家庭主妇等社区居民整合起来，这些人拥有大把空闲的时间，而且平时经常做饭，可以为附近的上班族和社区懒人提供有家庭味道的饭菜。在这个平台上，每个用户都是真实的家庭私厨，他们在自己家里烹制食物，让那些没有条件做饭的白领们能吃到家里的味道。在分享经济浪潮下，隔壁味道提出了共享家庭厨房的理念，试图打造美食版的"滴滴"。

扎根社区，共享邻家美味

陈晨是隔壁味道的创始人，他曾是知名上市公司的高管，之所以创办隔壁味道，源于儿时的情怀，因为在小时候，陈晨就经常去隔壁家蹭饭吃，他总感觉隔壁家的饭菜更香。

2015年8月底，隔壁味道的团队在湖南长沙正在为APP上线做最后的冲刺。项目最初启动时，为了让大家关注并加入隔壁味道，陈晨每天都会在朋友圈做推广，招募厨房的广告语是："你负责厨艺，我补贴场地；你当老板，我拉订单；你只管专心做饭，我负责网上订餐，把你的厨房展示给周边方圆2公里范围里的所有人。不需要租门面，就是在家开饭店，以及数钱数到手软。"

一本书读懂 分享经济

隔壁味道的模式让人觉得很有意思，但陈晨最初想做的并不是共享家庭厨房。刚开始创业时，陈晨的想法比较乌托邦，他想搭建一个社区平台，让社区里的成员能够互相帮助，这样不仅能减少中间环节，降低成本，还可以提升邻里关系。但很快陈晨就发现，这个想法没办法实现，因为每种服务的特性都不一样，很难融进一个平台。

不过，陈晨还是比较看好社区，他认为，在移动互联网时代，从物业服务和商业业态，社区的竞争都是不充分的，在商业发展中，社区是非常具有潜力的一块。所以，陈晨决定扎根社区。

至于做什么，陈晨有自己的想法，他认为做大而全是不行的，应该做减法，只专注做一件事，而这件事最好是大家每天都要用的。后来，陈晨就想到了"吃"，他认为，社区里的退休大妈、大叔和家庭主妇比较多，他们拥有大把的空闲时间，而且又经常做饭，就可以把这些人聚合起来，让他们在自己家做饭，为社区周边的上班族、懒人以及喜欢吃美食的达人们提供邻家美味。

虽然，饿了么、百度外卖在餐饮领域正战得"你死我活"，但传统外卖的食材和佐料基本都差不多，口味也是大同小异，顾客吃久了会麻木。而隔壁味道却与之不同，它能让用户吃到真实家庭做出来的健康美味的饭菜，不仅帮助懒人、白领以及美食达人解决了饮食上的需求，还为社区居民解决了自由就业的问题，比较符合以家庭为核心、以社区为依托的专业化服务的目标定位，同时，还符合"互联网+"的产业大潮。陈晨觉得，这是一个具有社会价值和商业价值的项目。

做食品，最重要的是卫生、安全，为了保证食品安全，隔壁味道制

令吃货们脑洞大开的另一种思路

第 5 章 美食共享：

123

定了八大评判措施，要求每个家厨上线前需要提供健康证和身份证，经平台质检员上门检查后，确认厨房卫生状况达标才能开店。此外，后期平台的人员还会定期上门回访，以此来把控源头上的卫生质量。陈晨相信，让用户来评价是最有用的监控，这完全符合互联网时代的特性。

做餐饮领域的"独角兽"

民以食为天，吃是人们永恒的主题，关于吃什么，这几乎是所有人每天都会头疼的问题，尤其是对于上班族来说，更是如此。对于上班族来说，解决吃饭的问题有三种选择：自己做饭、下馆子和传统外卖平台点餐。

一般来说，上班族很少会选择自己做饭，因为自己做饭的时间和精力成本较高，每天上班就够累了，回家就不想动了，而下馆子又比较贵，不是长久之计。所以，很多人会选择订外卖，这其实是一种无奈的选择，因为外卖餐厅大多追求多、快、省，所用的食料和佐料基本差不多，口味也大同小异，只能是吃饱不饿而已。

难道上班族就不能好好吃饭了吗？其实，在移动互联网时代，只要有足够的需求，就会有相关的应用涌现出来，而隔壁味道通过整合社区内的资源，为社区周围的上班族和社区懒人提供家庭口味的饭菜。与其他用餐模式有些不同，它不仅是一种新型的餐饮形式，还是分享经济在餐饮界的体现。

隔壁味道这种模式的优势很明显，对于用户来说，他可以直接吃到真实家庭富有人情味的饭菜，既健康又美味。而对于家庭厨房端来说，能够有效解决社会闲置资源的问题。只要有空闲时间、喜欢烹饪且乐于分享的人，都可以免费在隔壁味道上开家庭厨房，而且隔壁味道平台为每个家庭参与方配有订单查询以及打印系统，操作比较简单，一目了然。

隔壁味道这种链接家庭厨房的共享模式，完全符合市场经济的发展趋势，陈晨认为，分享经济的鼻祖Uber在全世界风靡，这就充分说明整个市场对分享经济的需求和期待，不难看出，分享经济会改变人们的生活。

隔壁味道还没上线时估值就已达到4000万元，而陈晨已按这个估值拿到部分融资。对于初创团队的实力，陈晨很有信心。在团队中，陈晨拥有多年管理公司的经验，而其他四位创始人也在各自领域里有所成就。此外，隔壁味道的技术团队是为苏宁、步步高等企业做过后台系统开发的团队，所以，陈晨对隔壁味道的未来充满了期待。

陈晨认为，公司最大的优势在于模式的创新，这比较符合分享经济的趋势。他认为，传统O2O模式只是解决了便捷的问题，而效率问题并没有得到解决，还没有实现社会资源最大程度的整合和匹配，而隔壁味道的共享模式就做到了这一点，它代表了移动互联网未来的趋势。所以，陈晨对项目的运作很有信心。

当然，陈晨心里也非常清楚，想要将隔壁味道做成一个全国性的平台，还需要更多的资金和人才。对此，他曾表示，隔壁味道最大的难题就是融资，打开市场和扩大用户都需要"烧钱"。

对于隔壁味道的未来，陈晨踌躇满志，他认为，自己要么不做，要做就要做好，争取在两年内将隔壁味道做成一个"独角兽"公司，做成响当当的民间美食品牌。

传统餐馆正面临来自家庭厨房的挑战，隔壁味道的出现，使上班族想吃美味的家常菜的需求，与赋闲在家的大爷大妈想通过烹饪赚取小钱的愿望进行了对接。在分享经济时代，通过移动互联网，人与人之间很容易实现交互，中国有上亿个家庭厨房，都可以成为上班族的供应者。美食的共享才刚起步，食品安全、用户体验以及政府的态度都是直接决定这类平台能否走得更远的关键。

5.5 我有饭：看一会儿就觉得饿的APP

2015年1月1日，我有饭APP正式上线，它是一个私房饭局共享平台，通过挖掘整合私房美食资源，让更多的美食爱好者能够轻松找到私房美味，使他们不仅可以品尝到美味的食物，还能交到新的朋友。我有饭作为中国第一家私房饭局共享平台，将这种具有颠覆性的美食分享模式带给了现代都市人，开辟了一种新的生活方式。

打造一个私厨分享平台

我有饭的创始人冯铮是一个绝对的"吃货"，从耶鲁大学毕业后，曾在美国工作过两年。那时候，他一边经营着一个微博账号，取名"纽约吃货"，聚集了20万的粉丝，一边享受着去朋友家蹭饭吃"百家饺子"的生活。冯铮回国后，就开始思考着将"百家饺子"的滋味流传出去。

2014年11月，冯铮创立了我有饭私厨平台（如图5-5所示）。而我有饭的另外两位联合创始人刘锦城和林立伟都曾在李锦记公司工作过，拥有传统的美食行业背景。除此之外，CMO管怡静也曾在香港做过有关企业上市及品牌推广的工作，拥有非常强大的人脉。

图5-5　我有饭APP

创业不是仅凭一时兴趣就能随意开始的，在创业过程中，有很多琐碎的事情需要专业的人来建立与完善，只有专业，企业才能走得稳、走得远。我有饭的团队均来自顶级VC（Venture Capital，风险投资）、跨国视频公司以及世界500强，毕业于清华大学、耶鲁大学等国内外名校，分布在北京和上海两座城市，团队成员超过40人，平均年龄26岁。

2015年，我有饭上线后，最初主要是以微信公众号的方式运营的。每周，我有饭都会定期发布上海和北京的饭局信息，分享饭局主人背后的故事。2015年10月，我有饭同期发布了IOS和Android平台，以便食客能够完成饭局预定、支付和评价。

在我有饭平台上，有两部分人，一部分是热爱美食、会做饭的人，他们通过这个平台发起一个饭局，让喜欢美食的人去他家里吃饭，然后他就能获得相应的报酬，这部分可以被称为"饭局主人"。对于饭局主人来说，通过我有饭平台不仅可以实现自己开餐厅的梦想，体验另一种人生，还可以通过分享美食认识新的朋友。

而另一部分就是喜欢吃的食客，在我有饭平台上，他们选择好提供私房菜的主人后，就可以去他们家，以拼桌的形式与陌生的食客一起分享美食，或以包桌的形式度过一些特别的日子，比如生日等，甚至很多人选择包桌求婚。

对于食客来说，他们在我有饭平台上，不仅可以寻找到最地道的私房料理美食，感受到各地最正宗的料理，亲身体验到饭局料理人在自己面前做料理，还能一边享受美食，一边与料理人聊聊他们的故事，是一次美食和社交的冒险之旅，也是一次非常暖心的用餐体验。

一本书读懂 分享经济

为了把控好饭局食品的安全，我有饭有自己的一套筛选饭局主人的流程，包括专人上门对就餐环境、食物味道等方面进行现场考察。为了确保饭局的质量，我有饭对饭局主人的筛选要求比较严格，一般通过率只有10%。饭局主人合格入住后，我有饭会对其进行身份登记。

由于食客基本都是去饭局主人家吃饭，所以饭局主人的做饭环境和食材是透明的。饭局结束后，食客可以在我有饭平台上对饭局主人进行评价打分，这对饭局主人来说也是一种监督。截止到2015年底，我有饭已在北京、上海两地成功举办了上千场私房饭局，有上万人食客通过我有饭走进了寻常百姓家品尝到了地道的私房料理。

从拼桌转向包桌

2016年，我有饭最大的一个转变是，从拼桌业务转向包桌业务。在我有饭APP上，首先展示在用户面前的是"私房菜"栏目，而"拼桌"栏目则排列在其右侧。在私房菜类目下，用户仍然可以根据菜色、用餐环境等选择自己喜欢的饭局，与之前不同的是，该类目下所有的饭局都是"包桌"的形式了，而每个包桌的饭局需要2人、4人或者是6人以及以上人数才

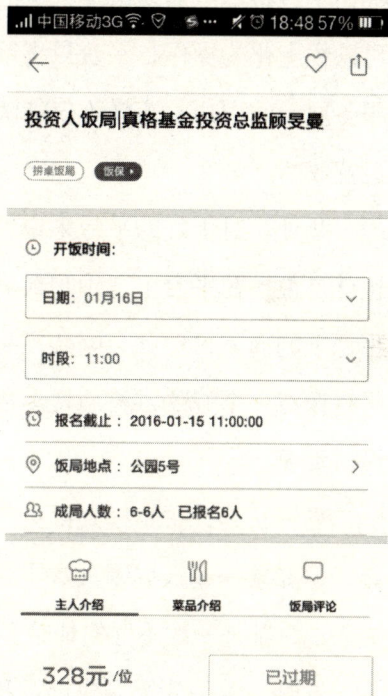

图5-6 6人起订的包桌饭局

能预订（如图5-6所示）。

也就是说，原来拼桌时，食客可以边吃边与饭局主人以及同桌陌生人社交的场景没有了，取而代之的是生日聚会、同事聚餐等场景，一旦包下了这张桌子，这个时间段的用餐时光就完全属于你以及你邀请的同伴。

之所以要放弃"拼桌"业务，是因为冯铮对我有饭分享经济模式有了更深入的思考。他认为，进入正循坏的平台模式，应该像淘宝或Airbnb那样，拥有较强的品牌效应，才能源源不断地吸引到供给端，这样，平台根本不需要组建大量的线下商务拓展团队去挖掘供给端，而是可以线上化的操作，平台只需筛选出符合标准的供给端即可，将他们的服务展示给用户，这样不仅能降低公司的整体人员成本，还能大大提高运营效率。

此外，对于好的平台来说，重要的是能自然地对供给端优胜劣汰。也就是说，在平台上，用户最满意的供给端会赚到最多的钱，而服务水平低下的商家自然就会因赚不到钱而离开。可以说，用户们的选择会让平台保持一个好的供给质量。但原来的我有饭拼桌模式在这一点上根本没法实现。

冯铮认为，拼桌模式最关键在于成桌率，成桌率越高，用户体验越好，但如果一场饭局因人数不足成不了局，无论是对食客还是对饭局主人来说，都是一次不好的体验。

这时，若想让饭局成局，我有饭就不得不拉来两个用户填补人数，这样做虽保证了食客的满意度，但就变成了平台想办法去满足所有饭局

一本书读懂 分享经济

主人，大家都在吃大锅饭，而不是饭局主人之间相互竞争，使平台进入优胜劣汰的正循环，从长远来看，最终还是会降低用户体验。

而包桌模式就不需要考虑成桌率，只要有用户下单，就能成桌，好的私厨通过口碑传播就能获得更多的用户，而差的私厨就会因为生意不好而被淘汰，与拼桌模式相比，包桌模式更能达到正循坏状态，成长为一个健康的平台。

陌生人拼桌社交，这是一个很美好的设想，但尝试了这么久，冯铮认为这个商业模式可能难以走通，因为不管拼桌社交多有趣，最终感兴趣的人只有10%。由此可见，从用户需求方面来看，拼桌模式满足的不是刚需。

对于用户来说，吃饭一旦不是刚需，即使饭局主人再有趣，转化率也是无法提高的。所以，冯铮认为，拼桌模式的忠实用户大多是喜欢长期去拼桌吃饭认识新朋友的人，他们不善于交际，朋友很少，常常觉得孤独，所以，这类用户更喜欢通过这种方式来吃饭。但我有饭平台如果只能满足这类用户的需求，受众面就很小众，这也是我有饭转向包桌的原因。

另外，我有饭转向包桌模式后，就能满足那些有重要聚餐需求或商务会餐需求的用户，这类用户的需求是刚性的，转化率也更高。而对于饭局主人来说，包桌由于不涉及与客人社交的环节，所以，自身效率也更高。

我有饭转向包桌模式后，每月交易也在以120%的速度在增长，已陆续有很多"霸道总裁"根据自己的需求承包到了专属饭局。我有饭已

令吃货们脑洞大开的另一种思路　第 5 章　美食共享：

与万科、足记等众多互联网企业CEO达成合作，今后，我有饭希望能与各大品牌进行合作，邀请企业CEO、名人作为饭局嘉宾，与食客一起吃饭，分享人生故事。除了北京和上海外，我有饭会陆续在广州、深圳等城市开通服务。

无论是拼桌模式，还是包桌模式，冯铮认为，私厨平台最终做的都是一门长尾生意，由于它是一个大市场里的长尾，市场足够大，所以，平台最后还是能达到足够大的体量。通过一顿饭，食客不仅可以享受到大隐于市的私房料理美食，还能认识新朋友，除了在口腹之欲上满足用户需求，我有饭真正想要打造的其实是一种全新的都市生活方式。

分享经济启示录

现代都市白领已不再满足于大街小巷的知名餐馆，他们对美食有着品质与惊喜的双重需求，而具有格调与情怀的私房料理无疑能满足他们的这一需求。我有饭作为一个私房饭局共享平台，通过挖掘并整合私房美食资源，为美食烹饪爱好者搭建了一个沟通和分享的社区，让吃饭不再是熟人间的活动，让民间厨艺高手成为饭局主人，与喜欢美食的陌生人分享美食，并成为朋友。对于食客而言，拼的不是饭局，而是一种生活方式。

第 6 章

健身医疗：
打破囚笼，融入健康美好蓝天

健康是老生常谈的话题，在分享经济时代，运动健身、医疗保健行业正在剧变，一张卡能走遍所有的健身房，完成送药到家服务、医疗服务按需分配、智能设备全方位监控……你的健康问题在未来根本不是问题！

6.1 ClassPass：一张让你去遍纽约所有健身房的健身会员卡

图6-1　ClassPass客户端界面

健身是欧美国家非常流行的一项活动，比如美国有大量的私人健身俱乐部、私人健身会所，而经常去健身房运动的人群占比高达30%。健身行业是"朝阳产业"，但在发展中也存在着一些问题，比如健身俱乐部缺乏统一行业标准与管理规范等。

ClassPass（如图6-1所示）的出现让健身行业迎来了新的变革，它几乎把纽约所有的健身房连接起来，用户每月只需要在ClassPass上花99美元，就能到任意一家健身场馆锻炼，而且不限次数。这种模式迅速在美国走红，用户非常乐意去体验不同的健身课程和运动器材。

2015年底，ClassPass已经扩张到35个城市，并且走出美国，向全球扩张。在创投圈，ClassPass也得到了资本的青睐，2015年1月，ClassPass成功获得4000万美元的B轮融资，10个月之后，又得到谷歌3000万美元的投资。随着ClassPass将其竞争对手Fitmob收购，它已经坐稳了行业老大的位置。

从Classtivity到ClassPass

ClassPass总部位于纽约，创始人为帕耶尔·卡达奇亚（如图6-2所示）。2011年，身为华纳音乐数字战略和商业发展部职员的帕耶尔创立Classtivity网站，帮助用户快速找到自己想要的健身课程。Classtivity就是后来闻名世界的ClassPass。

在帕耶尔决定离开华纳音乐全心投入到Classtivity

图6-2　Classpass创始人帕耶尔·卡达奇亚

时，她给时任华纳音乐副首席战略官的迈克尔·弗莱舍写了一封告别信，令她感到意外的是，弗莱舍迅速回复了帕耶尔并邀请她来自己的办

公室，而目的就是帮助她推动Classtivity这个计划。弗莱舍最终成了帕耶尔的第一位投资者，在弗莱舍的帮助下，Classtivity成功加入TechStars进行创业孵化。

Classtivity于2012年6月在纽约上线，它网罗了纽约地区约4000门课程，包括舞蹈课、瑜伽课、溜冰、网球甚至啤酒酿造等，用户可以在上面搜索感兴趣的课程表，上面列有上课时间、地点，用户随时可以通过网站预订。

2013年1月，Classtivity推出了新的服务，用户只要每个月一次性在网站上支付49美元就可以上十堂课，这个被命名为通行证的项目很受欢迎。到了2014年初，通行证项目已经非常流行，网站的名字也演变成了现在的ClassPass。

在业务上，ClassPass也进行了调整，将主要精力放在健身俱乐部共享之上。ClassPass把纽约所有中高端的健身房连接起来，让网站的会员可以去任何他想去的健身房。用户成为ClassPass的会员需要每月交纳99美元的会费。在ClassPass上，有很多收费很高的健身房，这些健身房对ClassPass的会员随时开放。但是，ClassPass也做出了一定的限制，比如同一个健身房一个月最多可以去三次，但是用户也不会失望，在纽约，和ClassPass建立合作关系的健身房有数百个。

2015年4月，ClassPass收购了他们在北美市场上最有力的竞争对手Fitmob。

来看一下ClassPass在融资上的战绩：2014年3月，ClassPass得到了200万美元的天使轮投资，9月又宣布完成1200万美元的A轮投资。到了2015

一本书读懂
分享经济

年，ClassPass在资本市场更加如鱼得水，在1月B轮融资中，ClassPass被投资机构估值2亿美元，并完成了4000万美元的B轮融资。这还没有结束，2015年11月，谷歌又为ClassPass注资3000万美元，表示了对ClassPass模式的看好。

健康，永恒的话题

营收方面，ClassPass在2015年曾创下单月500万美元的营收记录，用户预约量高达60万次，而2015年全年的收入超过了5000万美元。这家创立不过两年的企业凭借什么创造了如此出色的成绩？

1. 健身行业本身就是很有潜力的行业

ClassPass的模式可以归结为"整进散出"，通过资源整合，将一座城市中所有的健身房联合在一起。整进，就是ClassPass与健身房签约，以折扣价大批量订购门票或会员卡。散出，就是ClassPass自己出售这些会员卡，让用户按月缴纳一定费用就可以跨地区跨场馆甚至跨项目按次消费。配合自己的课程搜索引擎，ClassPass用户还可以自行安排健身计划，打造出一套新的健身方式。

对于健身会馆来说，ClassPass为自己带来了增量收入，健身房的收入随着消费者的增加而增加。在让双方互惠的情况下，ClassPass比较容易获得用户和健身房的青睐。此外，ClassPass推出了健身论坛，方便用户之间的分享，用户可以相互推荐实用的健身课程，交流心得，形成健身的圈子。

2. 市场扩张

ClassPass可以快速地进入新的城市，平均每个月进入5个新的城市直接增加了他们的营收。ClassPass计划扩张到75～100个城市，除了美国还想去加拿大和英国。ClassPass属于健身行业的轻模式运营，每进入一个城市，只要城市的居民有健身的意愿、城市中有一定数量的健身房，ClassPass就可以进行推广。

除了以上两个特点，ClassPass最大的魅力或许就是它所从事的行业，它所提供的是帮助人们拥有健康身体的服务，就像ClassPass的一位投资人所说，他们在切实地改善人类的生活，没几个公司敢说自己可以帮助人们变得更健康、更快乐。现在，估值2亿美元的ClassPass依旧延续着良好的发展势头，市场扩张计划也有条不紊地进行着。

分享经济启示录

健身是一件枯燥的事，但是如果每天都能去不同的健身房，尝试不同的健身课程，接触不同的健身教练以及不同的朋友，那么健身也可以变得有趣起来。ClassPass把城市中所有的中高端健身房联合起来，共享给他们的用户，让用户在锻炼出一个好身体的同时还可以使用更多的资源，更好地享受健身的乐趣。

一本书读懂

分享经济

6.2 叮当快药：送药到家的便捷服务

在深圳举办的"2016中国IT领袖峰会"上，分享经济再一次成为人们讨论的焦点，此次峰会的主题被定义为"IT·智能·共享"，众多业界翘楚齐聚一堂，就IT创新与分享经济进行同台讨论。

分享经济如今已经成为经济发展中的一个热词，并且在不断地向更多的生活领域渗透。在医药健康行业，共享医药被玩出了新花样，其中非常受瞩目也是发展势头最迅猛的叮当快药已经站到了分享经济时代的新风口。

28分钟送药到家

2014年10月，叮当快药在北京诞生，最初公司的名字为叮当送药（北京）科技有限公司，2015年2月6日，叮当送药APP正式上线。在产品上线的第一个月里，叮当送药完成了多个版本的迭代升级，用户给予了产品很高的评价。公司深深地感受到不断地进行产品优化对用户来说有多么重要，为了凸显叮当送药产品的特点，2015年3月25日，叮当送药（北京）科技有限公司正式更名为叮当快药（北京）科技有限公司，叮当送药APP同步更名为叮当快药APP，将产品的特点——"快"直接传达给用户。

叮当快药是传统医药巨头仁和集团创立、推出的医药O2O平台。仁和集团是一家市值达数百亿元的药企巨头，不过仁和集团董事长杨文龙（如图6-3所示）并没有故步自封，他敏锐地意识到：在分享经济的理念下，传统医药行业也应该与时俱进，通过网络为百姓提供完善、便捷的大健康服务。

2014年9月24日，杨文龙在北京宣布仁和集团将开展医药电子商务业务，借助互联网优势，连接线上与线下，为用户提供医药惠民服务。深知"以人为本"真谛的杨文龙马上筹建团队，他先从内部挖潜，找来了有多年营销经验的冯钢，紧接着凡客创始成员之一的姚婷也被他挖来。不久，互联网业内精英俞雷、于庆龙、蒋怀慈也都加入了进来。一支兼具能力、行事风范和创业激情的队伍已经初现雏形。

常言道，背靠大树好乘凉，叮当快药的发展也得到了仁和集团的帮助。仁和集团旗下拥有近两万名销售人员、32万个合作终端260多家药企联盟合作伙伴企业，这在一定程度上为叮当快药在产品和线下终端等方面带来很大优势。

仁和集团打造出了一个"叮当大健康生态圈"作为医药O2O的整体布局，通过叮当快药、和力物联网、叮当医药、叮当云健康四个产品，打通了产业链上下游，实现在上游降低原材料价格，在下游提供便捷购

图6-3 仁和集团董事长杨文龙

一本书读懂
分享经济

药服务。从整体来看，叮当快药是整个医药O2O服务的最后一公里，上面连接药品供货商与零售商，下面连接普通用户，是重要的流量入口，源源不断地吸引年轻用户进入。

叮当快药还打造了"FSC（Factory Service Customer）联盟"，FSC药企联盟健康服务工程和FSC药店联盟健康服务工程相互依托，从而保障药品品质和服务，使叮当快药的权威性、专业性和服务能力更具竞争力。另外，在送药速度上，叮当快药更是史无前例地推出特设核心区域"24×7"服务，承诺在服务范围内28分钟免费送药上门，令业界震惊。

2016年初，叮当快药"核心区域28分钟送药到家"服务标准已经在全国26个城市实现。叮当快药是如何做到28分钟送药到家的呢？原来叮当快药独自研发了电子围栏技术，该技术可以保证28分钟配送圈内有一家核心药店。

电子围栏可以对线下合作药店进行严格的地面网络规划，结合城市道路情况、交通情况以及人口分布，根据空跑测试结果确定每一家线下药店的覆盖范围，保证送药时间。而电子围栏的划分并不完全依据行政区域，主要还是以实际地形为主，最大限度地实现无缝对接。每个围栏里面只允许一家核心门店存在，如果完全覆盖北京六环，也仅仅需要不到60家合作药店。

叮当快药还积极与外卖平台展开合作。2015年9月，叮当快药宣布与饿了么达成战略合作，至此完成了三大外卖平台的横向合作，实现了线上资源与服务的互补。对于为何与叮当快药展开合作，饿了么负责人表示，叮当快药在医药领域既专业也稳健，可以助力饿了么迅速打开医药市场，通过良好的购药体验增强用户黏性。

　　外卖平台做医药O2O的优势也很明显。首先，外卖平台在全国的网络布局已经十分健全；其次，已有的用户对药品的需求是存在的，横向延伸服务内容可以更好地服务用户。而这种合作的效果十分明显，截止到2015年底，叮当快药线上订单约占到合作药店单店销售的40%，这对于推出仅一年的产品来说已经是不错的成绩了。

分享经济时代的医药服务

　　叮当快药把药店与用户在网上搭建起桥梁，把线上的流量共享到合作药店，由于其电子围栏设定核心区域只有一家合作药店，相当于为药店画好了地盘，能一定程度上降低药店之间的竞争。而通过将药店的药品信息共享，用户的购药体验发生了翻天覆地的变化，线上购买，极速送达，感冒发烧、跌打损伤等小毛病不用再自己跑腿解决了。

　　叮当快药的共享模式拓宽了人们对共享的认识。目前，人们普遍理解的共享是物品或资源的共享，而广义的共享应该是全面共享，包括能力、资本、生态的共享，能创造出更大的价值。可以说，叮当快药的共享模式把药企、药店紧密结合起来，从而形成生态闭环，充分展现分享经济的力量。

叮当快药通过帮助药店把医药信息展示到用户的手机上，使用户可以通过APP下单。另外，执业药师还会提供安全的用药指导，同时药店专业配送人员会免费送药上门，极速送达。在分享经济下，优质的服务是取胜的关键，叮当快药也是借此抢占到了市场先机，在未来的医药共享蓝海中，将有更加广阔的发展空间。

6.3 全城热练：全民一站式健身APP

2015年下半年，中国版ClassPass全城热练完成近亿元人民币的B轮融资，此轮融资由君联资本领投，经纬中国和天使投资人杨浩涌跟投。短短两年之内，全城热练已经完成了三轮融资，包括2014年底获得的300万元天使投资，2015年5月获得的1800万元A轮融资，其受资本的青睐程度可见一斑。

完成融资后，全城热练创始人兼CEO司维表示，资金将被用于人员招募、城市扩张和新产品研发，稳固全城热练在同类产品中的领跑位置。

让中国全城热练

图6-4　全城热练APP界面

2014年8月，司维成立了和光同尘（北京）科技有限公司，经历了"闭门造车"，也经历了无数次的争吵，全城热练APP（如图6-4所示）终于在各大应用市场上线了，那时是2015年1月。全城热练抓住了最好的时机，当运动成为社会时尚，健身成为社会习惯，全城热练刚好迎合了大众的心理。使用全城热练可以大大降低去健身房的花销，而平日里闲置的健身资源也被很好地盘活起来。

在全城热练APP上，用户只要充值99元就可以包月购买运动套餐，这样的价格将健身这项原来只属于中产阶层以上的项目扩充到普通的学生、工薪阶层，真正实现全民健身。

健身房赚的是时间的钱，一旦办理了年卡就没有退款的可能，很多人坚持不下来就不去了。而全城热练把健身的门槛降了下来。第一，用户可以按月付、按季度付，还可以出差用，练了一个月之后下个月不想来就不用了，不会造成浪费。第二，多点健身，非常灵活。公司、家附近、出差，无论人在哪里，只要有合作的健身房就能锻炼。第三，价格便宜。全城热练的模式可以理解为他们代替所有的用户去跟健身房谈

一本书读懂 分享经济

判，用户受益，商家也赚钱。

全城热练整合健身房资源的速度非常快，以北京为例，上线不到两个月，与全城热练合作的健身房数量就接近120家，这些合作健身房主要集中在人口密集的高校、写字楼、成熟商圈和社区附近，如五道口、三元桥、国贸和上地等，让用户享受到在家门口、单位旁健身的服务。

没有创业之前充足的准备工作，是不可能实现如此快速发展的。全城热练在上线之前做了很详尽的内测，在和商家谈判时，司维表示没有特别的技巧，就是一家一家去谈，刚开始没有话语权，团队的人也少，只能凭着自己的时间和汗水去扩张。后来全城热练的用户多了起来，谈判也就容易了。

上线半年之后，全城热练在北京已经和四百多家健身房合作，可以保证每个核心商圈都至少有十几家场馆的状态，让用户有更多的选择。其他城市的扩张也取得了不错的进展，比如天津、杭州，商家的扩充速度很快。

在健身项目上，全城热练提供了非常丰富的健身课程。在APP上，用户可以预订的健身课程多达8大类别122种，像瑜伽、器械、球类、舞蹈、游泳等热门项目一应俱全，此外还加入了击剑、射箭、拳击、武术等偏冷门的项目，用户不用担心找不到自己喜欢的项目。

ClassPass模式在中国水土不服

全城热练借鉴了美国ClassPass的模式，单纯从模式上看的话两者区别不大，ClassPass需要花99美金，全城热练是99元人民币，从性价比上来说，全城热练更便宜一些。另外，每个月每家健身房限制三次也是借鉴了ClassPass，这是为了保护商家的利益。

但是，"橘生淮南则为橘，生于淮北则为枳"，美国的ClassPass模式完全搬到中国势必会水土不服，由此也带来了全城热练的两次模式变更。

第一次模式变更是在2015年9月。全城热练把99元包月模式进行了价格调整，北京、上海改为299元/月，其他城市为199元/月，全城热练给出的原因是为用户提供了更高品质的私教小团体课程。用户对于调价还是可以接受的，但是其中一个细节的改变让很多用户抱怨不断，那就是用户此前通过推荐好友获得的可以累计使用的账户余额全部变成了具有有效期的优惠券，优惠券的购买力相比之前大打折扣。

第二次模式变是在2016年2月。全城热练将原包月模式变更为购买次卡的收费模式，原有账户余额则变成了优惠券，可以在购买次卡时抵用。

这两次变更或多或少地反映出全城热练存在的一些问题。首先是平台与健身房之间的矛盾。健身房之所以与平台合作，很大一部分原因是健身房希望平台为自己带来更多的客流，然而没想到的是，99元包月模式颠覆了健身房以时效卡为基础的盈利模式，矛盾的爆发在所难免。另外，全城热练与用户之间也有分歧。在资方的压力下，99元包月模式注定不是长久之计，但用户对于优惠的期待是永远不变的，所以总有一天用户的热情会降下来甚至失望。

对此，司维表示，"改变用户很难，我们也没想过要改变用户，尽

一本书读懂 分享经济

可能地做一些用户引导。一个产品成长得太快会让团队很难稳住，重要的是基础要扎实。"

> ClassPass的模式并不是在每一片土壤上都能开花结果，中国的国情与美国有很大的不同，所以引入海外模式还要进行本土化改造。全城热练的共享模式在思路上是正确的，整合健身资源，让利用户，但是如何让用户接受相对合理的健身价格，形成良好的健身文化，全城热练还没有完全考虑好。低价可以快速地获取用户，但不是长久之计。

6.4 ZOOM+：按需提供的高质量体验式诊所

ZOOM+是一家店面清新漂亮的诊所（如图6-5所示），同时也提供保险、健康管理等服务。这家成立于2006年的体验式诊所是行业中最早的一家公司，并且一直致力于提供医疗和健康保险服务，在媒体曝光上非常低调，甚至连融资情况也没有对外透露。

图6-5　ZOOM+诊所

　　十年的时间里，ZOOM+在美国的波特兰、西雅图和加拿大的温哥华等地建立了28家诊所，向有就诊需求的人群提供基础医疗、急诊和健康维护等服务。实时在线预约、极短的等候时间、温馨的就医环境以及友好的医生服务保证了高质量的就诊体验。

医疗行业的未来是共享

　　传统获得医疗服务的方式为：当你的身体出现了某些问题需要就医时，你需要在急诊室的分诊台上等通知，当然，如果出现遭受重伤或者急病突发的病人时，你也只能再等待。

　　医疗本身是为了治好人们身体上的疾病，但如果同时它又造成了患者心理上的不舒服，那就很糟糕了。为什么高质量、无生命威胁的医疗服务不能像出租车与外卖一样来按需提供呢？过去，我们习惯把它归结

一本书读懂
分享经济

为医疗基础设施稀缺或医疗规定。这本无可厚非，只有那些有剩余或被闲置的资源才可以被拿来共享，从而让其他人受益，而医疗设施的长期稀缺已经让人们形成路径依赖，即人们习惯了等待。

戴夫·桑德斯和阿尔伯特·迪皮耶罗看到医疗领域这些糟糕的地方，于是产生了改变这种现状的想法。他们是密歇根大学的同学，在创立ZOOM+之前还创立过两家和医疗相关的公司，不过这两家公司最后都被收购了。

2006年，ZOOM+成立了，总部位于美国西北部俄勒冈州波特兰市。最初，公司的名字叫ZOOMCARE，并从临街的诊所开始做起，经过十多年的发展，已经从波特兰扩张到西雅图和温哥华。桑德斯表示，ZOOM+将成为Uber版的医疗服务，并且将推广到全美国。2015年7月，ZOOM+与俄勒冈州医疗与科技大学合作，推出远程医疗服务，而更为重要的是，ZOOM+的保险产品也已经上线。随着公司业务的增多，2015年ZOOMCARE的名字也被改为ZOOM+。

医疗服务行业与分享经济结合是大趋势，有两个主要原因：一是医疗机构能够从提供医疗服务中受益及促使他们将战略集中在行业整合和规模经济上；二是相关的技术发展已经达到一定的水平，这保证了医疗服务与分享经济之间能够实现无缝结合。

美国拥有非常好的外科医生以及非常先进的医疗技术，近些年来又在解决医疗服务的成本和质量控制问题上有了新的进展。因此，通过分享经济来推动这个快速变化中的行业进行创新，将是一件非常有意义的事情。

传统医疗行业的颠覆者

ZOOM+的理念是为病人提供便捷式医疗，从运营模式上来看，ZOOM+与分享经济的鼻祖Uber并不相同，它更像是快餐店——方便、一站式服务、价格便宜。

1. 方便

ZOOM+提供当天的实时在线预约，把患者的等待时间降到最短，用户在网上可以预约当天的服务，相比那些需要等待几天才能看到家庭医生的患者方便了许多。实际上，这不是ZOOM+的首创，美国的一分钟诊所也可以提供类似的服务体验，只不过ZOOM+无论是设施还是服务都要比一分钟诊所更全面和专业。一分钟诊所最初只能治疗咽喉炎、流感、孕检、膀胱炎、外耳炎和鼻窦炎等，虽然后来也增加了医疗服务，但是与ZOOM+可以为用户提供从日常健康维护到门诊以及急诊的健康档案相比还是稍显不足。

ZOOM+推出了自己的保险产品，实际上与美国HMO（健康维护组织）有些类似，但ZOOM+体系和HMO有两个明显的不同：

（1）ZOOM+的用户享有自由的就医选择权，而不是一切都需要经过家庭医生；

（2）ZOOM+的保险允许用户ZOOM+体系以外的医疗服务机构。桑德斯认为HMO模式太不人性化了，这方面必须要改变。

ZOOM+用高质量的医疗服务让用户主动选择初级医疗服务。很多人愿意花很长时间等待专科医生的预约，很大的原因就是初级医疗服务

一本书读懂 分享经济

不够打动人心，ZOOM+让这种情况发生了转变，病人在ZOOM+就能享受专业的医疗服务，这样人们就没有必要排队等专家了。

2. 一站式服务

2015年8月，ZOOM+开了第一家急诊诊所ZOOM+super，可以提供急诊处置、影像学检查（CT、X光照片、B超）、实验室检验等服务。ZOOM+推出急诊服务，对紧张的医疗市场是一个好消息，从美国的医疗格局来看，急诊需求量呈上升趋势，而提供急诊服务的机构却在持续下降。根据以往的经验，去医院急诊室的患者中只有12%的人真正需要到医院就医，其余的患者在ZOOM+super这样的机构就能得到完全治疗。

对于非常热门的健康管理，ZOOM+不但全面涉及，而且还十分强调"食品与运动医学"。ZOOM+提供的健康维护包括定期的牙科服务、身体机能的体检（如图6-6所示）、心理服务以及脑部测试等。另外，ZOOM+认为用户健康改进首先基于认知和生活态度上的改进，这是十分重要的前提。因此，ZOOM+慢病管理的思路为：首先向用户传输健康生活的理念，通过教练式服务和贴心的日常健康咨询等渠道，改变用户的不

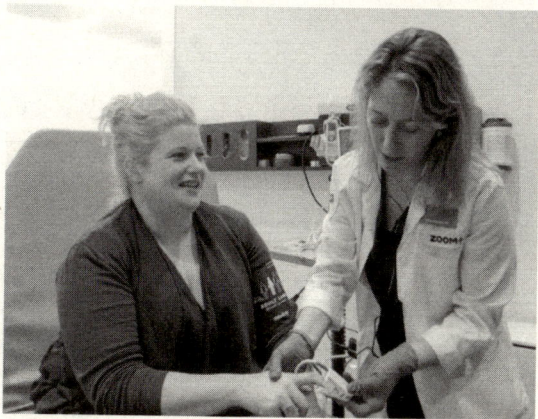

图6-6　ZOOM+医生为患者做检查

良的生活方式，从根源上展开健康管理工作。

ZOOM+的医疗服务无所不包，只要是医院里有的，在ZOOM+诊所里都可以获得同样的服务，体验或许更好。桑德斯在形容ZOOM+时说道："即使是器官移植，ZOOM+也能做到，这是一个完善、毫无遗漏的医疗系统。"

没有人敢想象哪家社区诊所可以进行器官移植。当然，ZOOM+也不可能自己来做这样的手术，它需要寻找战略合作伙伴，否则所谓的"完善的医疗系统"不可能形成。目前，ZOOM+已经与俄勒冈健康与科学大学附属医院、波特兰一级创伤中心和教学医院建立了合作关系，邀请医生到ZOOM+诊所工作。

3. 价格便宜

ZOOM+对患者人群是有选择的，它不接受参加公共医疗补助和医疗保险的患者，这样一来ZOOM+可以挑选成本最低的患者，让更需要专业医疗的患者去其他医疗机构或医院。很明显，ZOOM+决定将资源投入到被医疗系统忽视了的群体。

ZOOM+通过就近就诊和减少不必要的化验检查来降低收费，而很大程度上依靠执业护士和助理医师提供服务的模式也让ZOOM+没有太多的雇员，另外，ZOOM+也有自己的一套电子健康记录系统。

2016年，ZOOM+标准白银计划的保费为276美元/月，在保险市场上已经处于最低水平。实际上，这还是ZOOM+提升了价格之后的情况，最初它的收费每月只有233美元，但是俄勒冈州的医保部门强迫ZOOM+提价。在一次听证会上，医保部门质问道："你们保费定的这么低，到底怎么赚钱？"ZOOM+很有信心地回答："我们现在资金充裕，计划五年后开始盈利。"最后俄勒冈州医保部门还是启动特别程序让ZOOM+提升了价格。

ZOOM+到底有多少钱呢？这一点只有他们自己知道，ZOOM+从未向外界透露过自己的融资信息，只知道俄勒冈州当地的一家投资基金投资过他们。另外，ZOOM+的两位创始人还曾经卖过两家公司，所以他们在资金方面也表现得非常自信。

分享经济启示录

对于一个普通家庭而言，在医疗方面的投入会占很大一部分比例，但是通常得不到很好的体验。ZOOM+将医疗资源整合起来，并把更高的服务质量提供给患者，现在，他们正在将所有服务设计成零售形式，从而更好地进军其他城市市场并且升级服务。

6.5 Withings：一场垂直化移动医疗革命

Withings（如图6-7所示）是一家创立于2008年的互联网健康设备生产厂商，主要创始人为塞德里克·哈钦斯和埃里克·卡里尔，该公司开发的产品有Activite智能手表、Pulse运动手环，以及最新发布的Scales智能秤。公司负责人表示未来还将推出更多智能健康产品。

图6-7　Withings公司的产品

2016年，Withing卖给了诺基亚，CEO塞德里克·哈钦斯将加入诺基亚的健康团队，200余名Withing员工也归入诺基亚。

Withing创始人之一哈钦斯表示，与诺基亚的这笔交易是为了公司加速业务发展，实现更大的规模，借助诺基亚旗下的诺基亚科技，Withing可以获得更多资源，这对培育及发展新业务来说是至关重要的举措。

有着法式浪漫的智能健康设备

Withings的总部设在法国巴黎，在美国和中国香港设有分部，而两位创始人哈钦斯和卡里尔均有着20余年的互联网健康方面的从业经验，在这个行业中绝对可以称得上元老级别的人物。目前，Withings的主要市场依然在欧洲和美国，而亚洲市场已经成为其下一个大力发展的目标，并且对中国市场保持着很大信心。

近年来，可穿戴和家居智能化的蓬勃发展有目共睹，在互联网以及科技公司的带动下，催生了一系列以健康监测为核心的智能产品，甚至这些产品还成了流行符号。智能健康产品的出现重新定义了健康数据的侦测和追踪，让枯燥无味的数据变得个性化十足，让普通消费者可以接受。

智能健康领域的风口已经形成，行业内百花齐放。在这个鼎沸的当口，Withings可以说是一匹黑马，在苹果和谷歌纷纷踏入智能健康领域后，Withings依然保持着不错的发展态势，毫不向科技巨头示弱。Withings的信心来源就是它专注于为健康市场提供尖端的设计和简单易用的产品，遵循以人为本的理念，将产品打造成消费者的随身保健顾问。

纵观Withings公司推出的所有产品，它几乎涉及了预防保健的各个环节，包括对运动、睡眠、体重、心率和环境的监测，把用户全方位的健康体验一一收入囊中。

在竞争十分激烈的可穿戴市场，Withings以独到优势占据着一部分市场。在Withings产品设计的法则里，有三要素帮助他们在市场上脱颖而出。首先是健康创新，Withings拥有先进的传感器和算法；其次是设计新颖，市场上每出现一款热销产品后都会引来跟风，Withings始终坚持着自己的风格；最后是简单易用，Withings的产品讲究以最快的速度融入用户的生活，无须复杂学习和操作。值得一提的是，Withings的产品在续航能力上有着很好的表现，产品组合也十分丰富。

以Withings的招牌智能手表为例，它外观时尚，设计富有新意，圆形的传统设计在市场上别具一格，吸引了不少消费者的喜爱。Withings的产品经理表示，之所以把它设计成从外表上看不出它是一个智能手表，是为了让用户在享受科技的便利性的同时，丝毫不影响传统手表的优雅。而这款手表的续航时间更是长达8个月，即便是需要更换电池，也十分方便。

目前，Withings已经在中国积极布局，他们将努力发展自己的分销网络，并试图与京东、天猫等电商展开合作，借助电商巨头帮助自己的品牌进入中国。此外，Withings也会在线下开设自己的零售商店，他们已经把目标定在了与机场的数码产品零售商店合作。

并入诺基亚科技，剑指未来

2013年，Withings完成了公司历史上最大的一笔融资，是由法国国家投资银行领投，法国私募基金 Idinvest Partners等跟投的总额3000万美元的投资。在智能健康设备领域，能够完成如此额度融资的公司屈指可数，Withings之所以受到资本的青睐，主要源于两个方面：公司的商业模式和创始人的丰富履历。

首先看一下Withings的商业模式。与大多数可穿戴设备公司不同，Withings的产品线非常丰富，这一点就远比靠一只腕带或手表打天下的智能健康设备公司能打。除了其招牌产品智能手表，Withings在2009年

一本书读懂
分享经济

生产的Wifi健康秤在当时大受欢迎，这款产品可以测量体重、脂肪比例、卡路里等数据，上传到网络后还可以被好友看见。此外，Withings的智能婴儿监控器和智能血压计也获得了不错的口碑。

目前，Withings已经构建了一套与法国医疗体系对接的系统，通过这套系统，用户可以将设备与家庭医生的电脑连接起来，随时进行网上咨询。

再来介绍一下Withings的创始人。其创始人之一埃里克·卡里尔在欧洲创业圈是一位很有名气的连续创业者，这也是投资看上Withings的一个重要原因。

卡里尔最初是一位工程师，后来他创立了自己的公司，并推出了风靡欧洲的在线直播软件 Livebox。2008年，卡里尔的公司被全球四大消费电子类生产商之一法国汤姆森收购。很快，卡里尔就进行了第二次创业，与哈钦斯一起创立了Withings。

Withings成立后，卡里尔还创建了Sculpteo、Invoxia两家公司。Sculpteo是3D打印技术公司，Invoxia的业务主要是网络语音通信。对于像卡里尔这样的创业者，投资人通常会给予极大的信任，理由很简单，因为投资人对创业团队的能力非常看重。卡里尔拥有软件、硬件、电子通信、云计算等智能健康设备创业的综合能力，即便不是伯乐，也一定知道这是一匹"千里马"。

现在，Withings已经并入诺基亚旗下，诺基亚自身也在进行转型，在加州太阳谷成立了诺基亚科技子公司，并将所持的3万项专利注入诺基亚科技。哈钦斯表示，仅靠这些专利每年就能带来8亿美元收入。同时，诺基亚科技也非常关注数字健康，而收购Withings及其200名员工的目的就是要在该领域大展拳脚。

分享经济启示录

健康生活从了解自己的身体状况开始。Withings通过推出一系列的智能健康设备存储用户的各项健康数据，帮助用户提升健康水平。对于比较重要的身体数据，比如用户心脏的情况，还可以与医生进行实时共享，以备不时之需。可以看出，我们现在所需要的健康服务已经发生了很大的变化，这一切都是分享经济模式所驱动引导而发生的。

第 7 章

知识技能：

将自己的认知盈余及时变现

在移动互联网时代，人的知识和技能的分享经济正拉开帷幕，随着空格、时间拍卖等知识技能共享平台的涌现，越来越多的人加入到这场共享盛宴，他们不仅可以将自己的认知盈余及时变现，还能塑造个人品牌，而知识技能需求者也能得到专业人士的帮助和解答。随着技术的发展，用户更加个性化，分享经济下的工具平台和知识共享会发展得更快，也许下一个"独角兽"就会在他们中间诞生。

7.1 约能人：把你的技能和经验与世界分享

2016年1月底，约能人APP正式上线，它是由北京易易信息技术有限公司开发并运营的，它是一款专为个人技能提供者与需求者实现技能交易的APP服务平台。约能人具有四大特色，即精准推荐、微技能、能人圈以及覆盖海外市场，其最大的特色就是能够实现个人微技能的分享和交易。

为技能人打造个人品牌

约能人是一款技能交易APP（如图7-1所示），作为功能经济的一种形态，微技能是其在同类产品中主打的独有内容，它不仅支持用户与专业人士之间的技能交易，还鼓励个人微技能的展示与分享。在约能人APP平台上，用户可以通过视频、语音等方式来展示技能，实现线上技能共享与交流。同时，用户还可以通过实名认证和信用积累，与他人建

一本书读懂分享经济

立一种长期稳定的信任关系，从而打造可信赖的个人品牌传播。另外，微技能共有两种模式：一种是免费，另一种则是付费，"能人"可以根据自己的需求来设定。

2016年3月30日，约能人在北京发布，在发布会上，约能人CMO胡泊表示，希望约能人能帮助更多有技能的人实现他们的梦想，施展他们的才华。同时，也希望企业和个人都能在约能人平台上轻松找到满足他们个性化需求的技能和服务。

约能人作为首款覆盖全球华人的技能交易APP，它希望不仅能帮助海

图7-1　约能人APP

外新移民找到有关生活方面的技能服务提供者，比如剪草、家政等，还希望能为海外留学生和海外旅游者提供有关的海外技能服务，比如海外生活指导、求学指导等。

实际上，约能人非常注重个人技能服务，以帮助技能提供者打造个人品牌。除此之外，约能人还希望能人通过这个平台能帮助更多需要被帮助的人。

约能人参与了"五彩时光里的格桑花"公益活动的宣传推广，在平台上开设了"能人志愿者"报名通道，积极鼓励用户一起投身于公益活

动中，通过征集各个领域的能人，比如艺术类、运动健康类等，帮助当地儿童认识自己最擅长的领域与优势，以帮助孩子提升自己的技能。同时，约能人还希望这些孩子中的一些人能成为某些行业里的精英，这样才算真正实现了有效的公益服务。

约能人希望通过自己搭建的这个平台，让每个有技能的人都能打造个人品牌，帮助服务需求者找到放心可靠的技能或服务。可以说，约能人开启了一种新的工作方式和生活方式，让技能提供者和技能需求者都能轻松生活。

主打轻技能和碎片化时间的"在行"

与其他APP不同的是，约能人比较重视微技能与碎片化。其中，微技能不是职业化的专业技能，而是更个人化、兴趣化的技能，比如娱乐、烹饪等，而碎片化是指约能人共享的技能视频时长非常短，用户可以利用自己碎片化的时间来观看。

约能人几乎覆盖了所有类型，对技能种类没有设限，它是想以一个更大的维度将用户擅长的技能进行整合，也不会规定技能提供者的教学模式，比如一对一、线上或线下等。它所提倡的其实是一种"轻技能"，不用特别职业化，约能人平台上的技能可能是兴趣类的，比如翻译等，也可能是泛娱乐化的生活技能，比如教用汉语"撩妹"等小课程。

对于这种类型的技能，相对应的学习时间自然不会太严格，而约能人想做的就是将用户的碎片化时间充分利用起来。胡泊曾表示，如果人们想学习日本"收纳女王"近藤麻理惠的技能用于平常生活，只需要几

一本书读懂
分享经济

分钟的视频教学就足够了，用户甚至可以利用乘地铁的时间进行观看。由此不难看出，约能人不会约束技能人提供教学的方式，但会鼓励其为用户提供碎片化时间可以学习的课程。

也就是说，约能人面向的是所有人，无论是行家，还是非行家，都可以是"能人"。约能人的非行家可以通过平台积累学习经验值，从而成为行家；而约能人的能人，不仅可以提供咨询服务，还可以提供全方位的落地服务。

在分享经济时代，行业内普遍存在两大难题：第一个难题是"先有鸡还是先有蛋"，第二个问题是产品如何标准化。在解决第一个问题时，约能人根据Uber的成功经验，先控制一头，再带动另一头。在早期，Uber是自己先购买了一定量的车，有了供给之后，再推广给用户。约能人也是这样做的，上线两个月，平台就有超过1000名能人发布技能，能人又通过和机构合作，机构全员入驻到约能人平台。当然也有朋友推荐而来的。

那么，第二个问题如何解决呢？约能人的做法是，首先，要对能人进行身份认证，通过身份证、短信等验证能人身份；然后，再判断能人的技能是否可以交易；最后，根据市场化的数据、同行价格、能人信用积累等独特算法给出推荐价格。

由此不难看出，约能人并不想提供标准化的产品，而是鼓励技能人提供多样化的技能内容，主要是为技能需求者用合适的价格找到匹配的内容。约能人并不想做网红孵化器，而是希望帮助能人打造自己的品牌，建立一个能人生态。所以，约能人比较看重数据功能，这样不仅可

第 7 章 知识技能：将自己的认知盈余及时变现

以了解用户的个性化需求，还能了解能人的个性化技能，将二者进行匹配，帮助能人积累信用和评价。

约能人一直秉持工匠精神，坚持将每件事做到极致，并坚持推进技术创新，通过自主创新与用户反馈，不断总结和完善平台端的个性化产品功能，从而打造优质的用户体验。约能人上线后，就获得了2000万的天使轮融资，接下来，它还会进行新一轮的融资。

分享经济启示录

这是一个人人创造人人分享的时代，在分享经济时代发展趋势下，约能人发现了分享经济的市场价值，顺势推出了技能服务平台，使有技能的人能够充分利用自己碎片化的时间，通过技能分享与交易，实现剩余价值的转换，而技能需求者也能得到帮助。

7.2 有道词典：打通教育与网络的固有边界

2007年，有道词典诞生了，它通过大数据挖掘技术，为用户提供精准的语言翻译，是一个满足人们语言应用和学习的平台。随着互联网在线教育的兴起，有道词典围绕外语学习这一核心场景，抓住人们想提升语言能力的需求，不断挖掘用户的需求点，以打造语言学习的生态圈。通过不断升级与变革，有道词典在在线教育市场全方位布局，2016年，有道词典的用户总数已突破5亿，市场占有率超过70%，在同行业中位居第一。有道词典进军在线教育后，已从查词工具变成一站式的语言学习平台。

从查词工具到一站式的语言学习平台

有道是一家定位非常有趣的公司，它最开始做的是搜索。2012年，有道将通用搜索团队打散到其他事业部，并将搜索业务交给了360搜索。解散搜索团队后，有道的战略变得更加清晰，最初无心栽柳的词典和笔记最后都成为公司的主打产品。2013年第三季度，有道词典已首次实现营收，云笔记开始尝试商业化。

无论是笔记，还是词典，它们都是从小孔径切入的工具类产品，并不是一个高黏性的产品。由于工具类产品竞品有很多，用户转移的成本较低，为了减少风险，有道选择在国内外有成功经验的"范范例"作为模仿对象，决定从市场规模还未做大的词典和笔记入手，并明确了自己的用户群体定位，即学生、白领等终端知识层级人群。在保证良好的用户体验的条件下，有道借助网易自身的推广平台，同时也和360在渠道上作为交换，先做大产品，再试着赚钱。

实际上，在2005年时，有道词典只做了一个非常简单的Symbian应用（如图7-2所示），并没有做任何推广，产品在社区藏得比较深。不久，有道便上线了Android版本，那时，词条只有6万个，发展势头却非

图7-2 有道词典APP

常好。后来，有道词典便陆续上线了离线查词、词典扩容等功能，并不断扩展用户需求，提高用户体验。

对于有道来说，赚钱不是它最关心的事情，最重要的还是产品是否好用。有道词典首先要做的就是满足用户的需求，做到快速、便捷，有了较好的技术和体验后再试水商业化。比如背单词功能，与市面上的背单词APP相比，有道词典的功能比较简单，甚至很简陋，它没有记忆曲线、助记等，而是简单浏览记词。其实，背单词本身是一个很小众的需求，不同的人背诵的方法也是不同的，有些人喜欢卡片记词，有些人喜欢边写边记，由此可见，有道词典的背单词很难同时满足所有用户个性化的单词背诵需求，不管选择何种背诵方法，都会因此而得罪部分用户。所以，有道词典采用了非常简单的浏览背单词的功能，这样不仅显得小巧，而且普遍性较强。

在商业化上，有道的做法也很谨慎，最开始在APP Store上，有道曾花了6元钱来支持离线查词的"有道词典"版本，没有做任何推广就有近一千次的日均下载量。对于这样的结果，有道比较满意，这是工具类APP在增值服务上进行的一次尝试，结果证明在国内，有很多用户愿意

一本书读懂 分享经济

为了学习而买单，而且现在支付的渠道也比较便捷。

有道词典的营收主要来自展示广告，包括Banner、APP全屏展示广告等，这些约占营收的75%，主要广告用户为汽车、电子商务和快消品类的商户。实际上，广告投放商户并不看重产品本身是做什么的，他们看中的是产品的用户基数。2015年，有道词典的总用量已突破5亿。

有道词典不但拥有传统词典的权威性，还具备互联网词典的扩展性优势，它支持中、英、法、日和韩五种国家语言的互译，共覆盖了3700万词条，其中包括了专业词汇800万条，还有海量例句2300万句，每天接受超过4亿次的翻译请求。在移动互联网的发展初期，有道词典先占据了移动端，一路高歌猛进，成为行业老大。

2010年，有道词典推出音视频列举功能。2014年，有道词典推出全球发音功能，包括语种300多个、词语22万多个以及发音250万个，这为用户带来了纯正地道的发音体验。有道词典成长为超级APP后，不断丰富产品内容，大大增强了用户黏性和活跃度，使其从查词翻译工具转变成一站式的外语学习平台。

对于有道词典来说，2014年做的最大战略举措就是进军在线教育，通过课程平台，有道学堂为用户提供了高质量的在线学习服务，实现了从工具到平台的打通，形成了包括有道词典、有道翻译官和有道口语人叔在内的产品矩阵。2015年，有道词典推出了linux版本，成为行业内首个实现主流平台全面覆盖的产品。

6.0上线，构建在线教育学习平台

2015年9月，有道词典发布了Android 6.0版，对产品功能进行升级。此次产品功能升级，有道词典不仅增加了一个"学习词典"功能，还全面改版了"单词本"，为用户提供了全新的个性化英语学习体验。目前，有道词典已有5亿多用户，由此不难看出，有道词典已得到了用户的充分认可。此次，有道词典推出6.0版本，为学习者构建了一个随时随地、按人所需、高效的学习平台。

有道词典上线6.0版，推出了"学习词典"的功能，以满足有道词典用户的不同需求，"学习词典"对单词进行了分门别类，涵盖了针对高考、四六级、雅思等不同考试的词汇库。同时，有道与新东方大愚图书进行了更深层次的合作，采用词库的方式，引入了新东方全系列单词书籍，其中，学生们备考标配的"红宝书"也包含在内。

有道词典推出"学习词典"，不但增加了用户个性化学习的可能性，还大大提升了用户体验。其实，有道词典此前早已开设两个学习栏目，分别是"有道学堂"和"有道百科"。其中，"有道学堂"提供了涵盖四六级、雅思等直播课程，并拥有了大量在线学习用户。随着有道词典6.0版本的上线，其在线学习平台已初具规模。

有道词典作为一款基于搜索引擎技术的互联网词典，在工具属性的基础上，逐渐发展成为一个内容提供媒介平台，在为第三方提供推广方案和技术支持时，收取一定的费用，这就像一个教育版的"淘宝"。有道词典积累了大量用户，所以，它有理由尝试其他的商业化途径，通过进军在线教育，为用户提供在线学习服务，成功转型为一站式的语言学习平台。

7.3 空格：千万个人技能服务者扎堆汇聚

2015年7月15日，空格上线，它是一个面向个人服务者的创业平台，在这个平台上，用户可以利用碎片化的空闲时间，用自己的特长、技能、资源为有需求的人提供服务，创造更多价值。空格上线仅60天，就获得了1亿元人民币的A轮融资，平台服务人次超过10万，仅半年的时间，累计激活用户就突破了1000万，成为新经济的代表之一。

聚焦个人服务者创业领域

图7-3　空格APP

空格APP是由杭州美哒网络科技有限公司推出的产品（如图7-3所示），2015年6月15日，美哒网络成立，7月15日产品上线。同年8月，美哒网将"I'M生活者"更名为"空格"，此次改版升级，旨在提高用户体验和产品价值，以及深化"生活者"的经营理念。

空格定位是"卖人"，即个人服务者通过空格出售自己的时间、技能、服务和资源，它是一种比较灵活的工作模式，融合了展示空间和交易平台。不管你是医生这样的专业知识人群，还是尚未毕业的大学生，都可以根据自己的时间安排一个或多个工作，这就使很多人的特殊技艺找到了可以施展的空间。

空格是由唐永波创立，他曾经是阿里巴巴淘宝本地生活行业、淘点点业务的创始人。在生活服务领域，唐永波拥有多年的经验，他认为，空格搭建的个人服务平台是O2O模式的全新变革，对于个人服务者来说，通过空格平台，随时随地都能出售自己的时间和技能，不再需要通过门店被动地接受服务需求和扣点。与门店相比，空格的移动性很强，

一本书读懂 *分享经济*

大大提高了匹配效率。也就是说，不管是陪吃饭，还是求人打扫做饭，只要是由个人提供的服务，都能在空格上实现。在这个平台上，用户可以利用自己碎片化的时间以不同的方式付出和收益。

空格首先聚焦的是非职业个人服务创业领域，其重点服务的对象主要有五类人群，分别是白领、学生、老人、蓝领以及社会弱势群体，未来会延伸到职业服务者领域。唐永波认为，中国服务消费在整个消费中的占比较低，而美国的服务消费占个人收入的30%，之所以产生如此大的差异，他认为是因为中国人对服务的认可度较低，认为服务只是商品的一部分，不喜欢另外再付费，由此不难看出，整个市场还需要花时间来培育。为此，空格推出了"1·3·5"计划，目的是让人们意识到服务的重要性，从而认可服务提供者的价值。

在"1·3·5"计划中，"1"指的是在未来五年内，空格希望为1亿个人服务者提供最基础的平台服务，"3"指的是空格将为3亿人打造服务生态圈，而"5"是指空格为个人服务者提供5000万的计划梦想基金。唐永波希望这个计划能为更多的生活服务创业者提供帮助，让他们能够更好地实现自己的梦想。

唐永波认为，服务是非标准化的，比如按摩服务，虽然，过程是标准化的，但给每个消费者的感受却是不一样的，而力度和心情等人为因素决定了服务是无法标准的。对于这些非标准的服务，为了确保服务质量，空格做出去渠道化的决定，让服务者离开原本的雇佣机构，直接与消费者进行联系。

为了保证个人服务者的服务质量和人身安全，空格在不同的层级采取了不同的措施。在最底层，空格与芝麻信用合作，以证明服务提供者是真实存在的，而且消费者能够看到信用；在运营层面，空格会向消费者展示服务提供者以往的销量数据、评价等，以供其参考；在安全层面，空格与第三方鉴定机构进行合作，为在交易过程中可能出现的人身、财产损失和安全事件提前做好准备。

空格自成立以来，发展速度非常快，对于商业模式，唐永波表示，还未确定下来，在未来，抽取佣金肯定是其盈利的一种方式，第二个盈利方式可能是大数据，空格会开放很多比较好的行业品类，比如美食、亲子等，以后，空格可以将这些数据开放给第三方机构，以此来盈利。

多城市布局，打造"你身边的服务超市"

2016年1月20日，"2015年杭州年度创新力人物盛典"在杭州举行，在此次盛典上，唐永波获得了"十大创新人物"大奖。同时，他宣布空格产品升级，旨在打造"你身边的服务超市"，并计划在北京、成都等城市落地开拓业务。

站在分享经济的风口上，空格的发展越来越被外界看好，2016年4月，空格的团队已从最初的13人发展到近300人，在空格APP平台上，已有六大类主推类目，分别是手工美食、手工定制、绘画、家政、家教和代办跑腿。

对于空格的发展，唐永波认为，空格作为分享经济的平台代表，会继续探索和考虑用户的需求，搭建双边共享市场，从各个方面出发，比如消费模式、个人创业等，立足浙江，面向全国，参与互联网分享经济

一本书读懂 分享经济

建设。

2016年，空格推出"格子"，它是一种智慧化生活服务产品，配合一站式的生活服务解决方案，以满足用户多样化的服务需求，在社会闲散资源的基础上，加上个人碎片化的时间，进而组成一个分享经济生态圈。

格子主要是以社区、写字楼等为单位，依靠地理位置技术，将周边的用户和熟悉的人聚集在一起，推送优质的服务内容，不但能为用户解决生活服务问题，还能促进周边用户相互交流分享，致力成为"你身边的服务超市"。

"格主"相当于空格的合作伙伴，与空格一起完成"格子"项目。创立初始，"格主"可以邀请自己的邻居加入格子，并鼓励邻居发布服务，以维持格子的活跃度。此外，"格主"不但需要管理格子里的各种信息，还要负责售后、服务等。目前，格子已在杭州和厦门两地开启，在西湖区、余杭区等区域内的50多个小区以及厦门部分小区设立了格子。

空格的服务主要分为两种：一种是全网性服务，不会受到地域的限制，比如手工、咨询等；另一种则是需要落地的，服务半径会限制在一定范围内，比如家政服务、家教等，这就是空格建立格子的原因。

唐永波认为，生活服务的本质就是"make life better"，即让你的生活更美好，价格不是最重要的，最重要的是，能否提供更好的服务，而不是派个人解决问题这样简单。实际上，个人服务者非常需要有平台能帮助他成长，强化买卖关系，为其提供选择服务，这就是空格开展"格子"项目的目的。

截止到2016年1月，空格已在七个城市招募"格主"，比如北京、武汉等。不管是家庭主妇，还是大学生，只要心怀创业的梦想，都可以做"格主"，成为空格的合伙人。在分享经济的道路上，空格会继续踏步往前走。

分享经济启示录

> 在分享经济时代，空格作为S2C（电子商务模式）的倡导者，为个人服务者提供创业平台，它通过技术研发和创新，不断提升产品的用户体验，并整合更优质的服务资源，进一步提升"服务与人""人与人"的链接。由此不难看出，空格的这种共享模式是一种全新的创业方式，会逐渐改变人们的生活。

7.4 疯狂老师：知识和教育的亲密交流

2014年12月，疯狂老师正式成立，它是一家K12领域的家教O2O平台，隶属于上海享学网络科技有限公司。疯狂老师通过APP连接老师和家长，由老师进行一对一的上门教学，其服务范围已覆盖北京、上海等13个城市。疯狂老师刚成立半年，就完成了五轮融资，价值连翻120倍，

一本书读懂 分享经济

从一千万人民币涨到两亿美金，受到知名投资人与腾讯这样的巨头企业的垂青。

打造全新教育生态圈

2015年对张浩来说是很特别的一年，在这一年，他创立的快乐学习迎来了十周年纪念，同时，他在2014年年底获得了天使投资，并在2015年初成立了疯狂老师（如图7-4所示）。张浩之所以创立疯狂老师，就是为了颠覆自己创立的快乐学习。

2005年，张浩创立快乐学习教育咨询工作室，向中小学家教领域进军，经过十年的发展，快乐学习已在6个城市覆盖了40多所分校，年营收近3亿元，净利润达几千万元。

张浩辛苦经营快乐学习，虽获得了不错的成绩，但一次偶然的机缘使

图7-4　疯狂老师APP

他开始思考转型。张浩的孩子比较喜欢钢琴，作为父亲，张浩希望能给自己的孩子找一位比较靠谱的钢琴老师，但在寻找过程中，张浩发现，要找到一位合适的钢琴老师非常不容易。这段经历让张浩很受打击，他认为，自己就是做培训的都找不到老师，更别提他人了。

于是，张浩开始反思传统和教育培训的弊端，在他看来，传统的教育培训机构在本质上属于中介，组织老师和学生进行教育培训，掌握着利润分配的主权。在分享利润时，传统培训机构和老师是按七三来分的，即便如此，传统培训机构的收入也不高。

　　在移动互联网时代，张浩希望赶上"互联网+"的时代快车，于是，疯狂老师应运而生。疯狂老师诞生后，融资一直很顺利，刚成立8个月，就已获得5轮融资。2014年10月，疯狂老师获得天使融资数百万元；2015年1月，获得Pre-A轮融资数千万元，投资人为吴宵光和黑马基金；2015年6月，获得A轮融资2000万融资，投资公司为腾讯；2015年7月，获得B+轮融资24000万美元，是由鲲翎资本与分享资本合投。

　　张浩表示，疯狂老师要做的就是去中介，以前，老师与机构之间是雇佣关系，而现在老师和平台是合作关系，疯狂老师会以B2B的方式与20%的老师进行签约绑定，而剩下80%的老师则以C2C的方式自由链接，就像天猫和马云的关系为合作关系，家长直接可以付费给老师。

　　教育行业市场蕴含着巨大的潜力，玩家有很多，教育O2O究竟谁才是真正的赢家，在张浩看来，目前尚无定局，因为很多玩家都在做用户习惯培养，最后谁能胜出主要取决于玩家的水平。但有一点可以肯定，在同类产品中，疯狂老师在K12教育O2O交易量上已遥遥领先。

　　张浩认为，老师选择平台生存，而家长通过平台找老师，这完全符合人性和互联网精神。因为信息较为透明，链接很自由，容易得到用户的认可，只不过需要时间。

一本书读懂 分享经济

打造直播2.0模式

2016年4月，疯狂老师对外宣布，将与腾讯进行合作，推出直播2.0模式，以在线课程的形式，丰富疯狂老师现有的线下授课模式，不断扩大名师的辐射效应。

经营疯狂老师一年多，张浩对中国在线交易有自己独特的见解，尤其是对K12教育，他认为，直播会成为K12教育的一个趋势。首先，从PC互联网的用户转成移动互联网的用户，绝大多数的家长和学生会选择线下补习，但在未来，他们当中相当一部分人会逐渐从线下教育的用户转成线上教育的用户。因为随着互联网的发展，技术在不断进步，产品也越来人性化，这会让一个在线教育的过程像面授一样，甚至在某些领域上超过面授，所以，用户自然会选择随时随地打开电脑或手机去上一堂在线课程，这就是用户的迁移。

众所周知，中国的经济发展是梯状的，有发达的地区，也有贫穷的地区。所以，经济发展到某个梯度区域时，该区域的需求就会被释放出来。也就是说，一线城市的K12补习已出现，二线城市即将进入红海，三线城市正在热起来，四线、五线等城市仍处于粗放状态。虽然，他们的经济已释放，但优质的教育资源还没覆盖到，而互联网已经覆盖到了。这个时候，通过在线教育，能够有效地将优质的教育资源输送至中国的三、四线城市，直播会作为一个趋势。

另外，"网红老师"会大量出现，所以，疯狂老师与腾讯达成了一个战略合作，推出中国的K12，打造中国的"网红老师"。

张浩公开表示要打造"网红老师"，试水直播后，疯狂老师便立即实施"网红+直播"计划，招募超级名师。为了方便超级名师报名，疯狂老师提供了线下孵化器和线上直播两个报名入口。

　　一般来说，孵化器中入驻的超级名师主要通过两个路径：一个是基于线下的超级大班课的名师，另一个则是基于线上直播课名师的打造。其中，前者通常是已有大班课授课经验的资深老师，对于这样的老师，疯狂老师会在其原有班级规模基础上，进一步扩大和对课程的打磨升级。而后者是在线下已有超大班授课经验且有一定的镜头表现力的老师，对于这样的老师，疯狂老师会通过线上直播平台，进一步放大其价值。今后，这两条路径都会被打通，而走第一条路径的老师，之后有一些也会走第二条路径。

　　疯狂老师直播业务的形式是演播厅，主要是以一对多的模式进行授课，以此来增强老师和学生之间的互动性，它将这次直播模式定义为"2.0模式"。2016年5月，疯狂老师已在全国各地建立了上千家工作室，老师可以通过抱团的方式来实现价值的最大化。而下一步是通过线上流量入口和线下运用，才能进一步放大工作室的集体价值。

　　疯狂老师与腾讯这一次的携手，其实是"互联网+教育"的突围。腾讯在流量和技术方面有绝对的优势，而疯狂老师在师资和课程设计方面具有一定的优势，可以说，双方在各自优势领域里深耕，并共同推进深度合作，发展空间巨大。

一本书读懂 分享经济

在移动互联网时代，O2O的到来为疯狂老师的诞生提供了最佳的时机。疯狂老师的出现，无疑打破了线下辅导机构"家长—机构—老师"的线性关系，打破了传统教辅机构信息不透明的弊端，还进一步凸显了评价体系对教师的监督作用。疯狂老师作为教育平台，只与好老师为伍，并时时保持归零的心态，势必为未来的教育带来更多积极的改变。

第 8 章

家政服务：

家政懒得做？我们的服务够专业

家政服务是每个家庭都躲不过的话题，其高频、刚需的特点让它天生就是一个庞大的市场。若将家政服务的需求细分，洗衣、做饭、保洁、产后恢复等基本都可以通过移动互联网实现"零碎供需"的一对一高效匹配，达到闲置资源的充分利用。

8.1 懒人家政：不只是针对懒人的家政服务

懒人家政APP（如图8-1所示）是由悠家客家庭服务平台于2014年推出的互联网家政产品。懒人家政并不是面向懒人而推出的，它专门解决

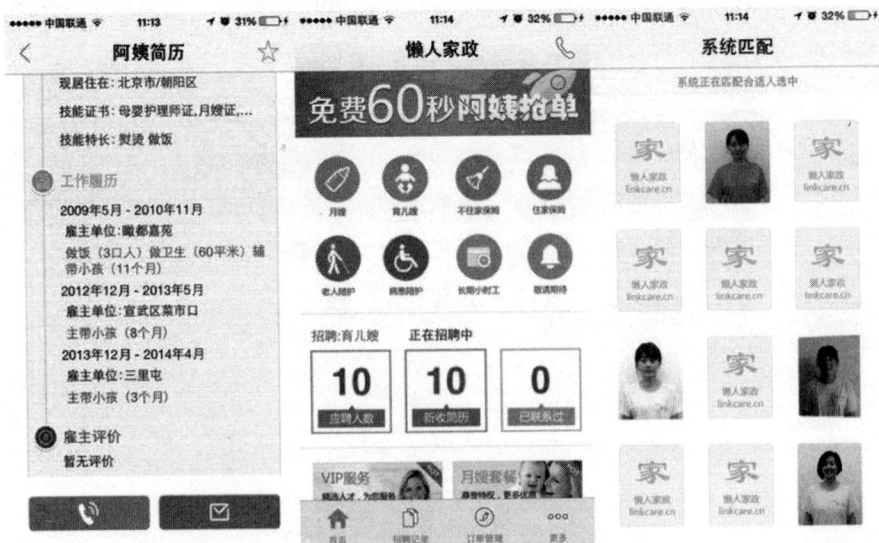

图8-1　懒人家政APP界面

特殊人群的刚需服务，比如月嫂、育儿嫂、病人护工等，这与市场上主打高频次、短时长的小时工家政服务不同。

懒人家政在2014年2月获得了上海原子创投数百万元人民币的天使投资，四个月之后又获得了泽厚资本数千万人民币的A轮融资。面对互联网家政行业即将到来的"大乱斗"，懒人家政已经屯好了"粮食"。

从悠家客网站到懒人家政APP

懒人家政的CEO是一位"80后"女性——应潇忆（如图8-2所示），她在创业之前一直做境外投资，这让她拥有很多出国以及和高端人士打交道的机会。最初，应潇忆非常享受这样的工作状态，但长此以往新鲜感逐渐消失，后来甚至感到厌倦。最终，应潇忆辞了工作。

应潇忆辞职后并没有急着找新的工作，她想在换工作的间隙顺便给自己放个小长假。这期间，应潇忆的爷爷不慎摔伤住进了医院。应潇忆为了帮爷爷找护工跑了很多家中介，好不容易找来了一位，没

图8-2　懒人家政CEO
应潇忆

想到干了几天后就不辞而别，这让她非常气愤。无独有偶，当时，应潇忆的一位朋友在找保姆的时候也遇到了难题，他为了请一位专业育儿嫂换了几家中介以及十几个育儿嫂也没有找到满意的人选。

交谈之中，应潇忆与朋友觉得这是一个很好的创业机会，"以己推人，现实中这样的情况肯定不少"，两人一拍即合，创业的计划就定了下来。应潇忆做了大量的市场调查，并找到国外成熟的商业模式进行研究。2013年，应潇忆在北京成立了创客优家科技有限公司，并推出了实名制且免中介费的家政服务网站——悠家客。

不收取中介费的模式让悠家客很快就完成了早期的用户积累。不到一年的时间，悠家客网站就聚集了两万多名家政人员。家庭用户可通过悠家客网站直接联系保姆，免去了高额的中介费用。用户也感到十分欣喜，"原来如此丰富的保姆资源就在这里！"

在移动互联网风起云涌之际，应潇忆紧随趋势，在移动端推出懒人家政应用。懒人家政在悠家客网站的基础上进行了一系列的升级，比如雇主发布招聘信息之后，系统可以快速进行匹配，同时雇用信息也会被发送到其他符合条件的家政服务人员手机上，然后在线抢单，最终由雇主进行选择。

应潇忆的跨界方法论

对于跨界创业的应潇忆来说，懒人家政做到今天这个规模并不容易。她的合伙人陈俊波负责的线下门店的地推，"一开始都不知道去哪里找保姆"，最终他们只能用最原始的方法做起，去"城中村"贴广告，在家政公司门店聚集的地方找人。

"我知道这必将是一条充满坎坷的道路"，应潇忆说，像依靠家政门店加盟的云家政和传统家政服务依托下的阿姨来了都有着一定的资源优势，懒人家政从起步就比他们慢了一大步，从最辛苦的事情干起是必经之路。

实际上，应潇忆对传统家政服务的弊端已经了如指掌，否则她也不会贸然创业。以传统的找月嫂为例，客户到家政公司咨询，家政公司分别确定雇主和月嫂的时间，约好了之后见面商谈，如果雇主不满意，再约其他月嫂。家政公司向客户收取一定比例的月嫂月薪作为佣金，对阿姨一般有两种收费方式：一种是固定金额的中介费，另一种是每月从月嫂的工资中扣除一部分。

在应潇忆看来，家政中介公司挣钱的基础是两者之间的信息不对称，用户看不到家政服务人员的全部信息。此外，很多中介公司很不负责任，把家政服务人员推销出去就不管了，后面出现的纠纷没人负责。所以，应潇忆要通过技术手段去消除这种信息不对称，保障雇用双方的利益。

在懒人家政APP上，用户选填服务类型、阿姨薪资、家庭住址等信息，系统在最短的时间内通过"阿姨抢单"和系统匹配相结合的方式完成匹配。用户可以查看阿姨的技能、工作经历、用户评价以及视频简介。

用户在线上可以直接和阿姨签约，阿姨完成工作后用户通过App在线或者线下门店完成付款，懒人家政不会收取中介费用。另外，如果用户没有付款或者拖欠付款，追款的事情由懒人家政负责；如果用户与阿姨出现纠纷，懒人家政会通过意外和财产保险向用户赔付。

应潇忆深知安全对于家政服务的重要性，自己的用户或服务对象主要是已生产的妇女、儿童、老人等群体，这更意味着懒人家政在审查方面马虎不得。懒人家政主要通过详细的阿姨简历、平台的赔付机制、评价体系三个方面来保障用户的安全。另外，懒人家政平台上所有上岗的阿姨都需要通过入职测试，考验她们的基本技能和对突发事件的处理能力，在技能培训方面，还会培训她们对现代家电的使用等。

懒人家政参考了美国已经上市的Care.com的模式，但在盈利模式上，两家公司并不相同，Care.com主要依靠收取商业配对费用为主，而懒人家政主打的收费项目则是以VIP增值服务（一对一顾问、辅助面试签约、优先级推送阿姨）和月嫂套餐的折扣服务为主。

在懒人家政推出不到一年的时间里，平台上已经聚集了5万名阿姨，平均每天约有600的订单数量，其中，40%订单是保姆，30%订单是育儿嫂，10%是月嫂，其他的则是护工和小时工。对于未来，懒人家政的重点是为高质量用户提供精心的服务，拓展更多服务内容，比如某位用户在平台上找过月嫂，懒人家政可以围绕该用户推出按摩师、月餐之类的服务。

分享经济启示录

在家政服务共享领域，应潇忆和她的懒人家政是一个十足的"门外汉"，但她有的是愚公精神，一步一个脚印，脚踏实地，终于尝到了分享经济的果实。未来，分享经济的风口全面到来之后，相信还会有更多的"门外汉"涌入这个领域。

8.2 e袋洗：中国最大的互联网洗衣平台

2013年11月28日，O2O在线洗衣平台e袋洗正式上线，作为传统洗衣领域巨头荣昌推出的互联网洗衣产品，e袋洗将洗衣服务标准化，以按袋计费的方式取代按件收费，从而降低顾客洗衣的花费，而通过移动终端预约可以使用户享受上门取送洗衣服务，让用户不必再为洗衣这项家务而担心。

e袋洗的创始人张荣耀是洗衣老字号荣昌的创始人，CEO则是曾经任职于百度的陆文勇（如图8-3所示）。从e袋洗团队的人员构成来看，这是一个"传统行业大佬+互联网精英"的组合，荣昌在洗衣领域有二十多年的从业经验，线下洗衣门店不计其数，管理团队主要来自大型互联网公司，物流团队来自京东、顺丰等。

图8-3　e袋洗创始人张荣耀（左）和CEO陆文勇（右）

e袋洗从2013年11月成立到2016年5月，服务范围已经覆盖全国31个城市，公司计划到2016年年底覆盖到全国100个城市。支持e袋洗疯狂扩张的是它不断增长的收入，其单日订单量最高可达10万单。此外，2015年8月，e袋洗完成了1亿美元的B轮融资，由百度领投，经纬中国、SIG跟投，e袋洗估值约10亿美元。

传统洗衣企业的转型之路

1990年，就读于北京轻工业学院（现北京工商大学）的张荣耀毕业了，留在校办工作了一段时间后，他毅然辞职下海，做起了生意。

张荣耀最初做的是皮衣清洁生意，20世纪90年代初皮衣很流行，张荣耀的生意也越来越好。到了1999年，荣昌已经发展成全国连锁的洗衣服务企业，看着稳步发展的公司，张荣耀感到了一丝危机，觉得公司到了转型期。2000年，荣昌洗衣开始筹划从B2B向B2C转型，与新浪网联手推出网上洗衣服务。由于想法过于超前，这种直接面向用户的模式并没有取得预想的好效果。

2004年，荣昌洗衣开始推行"一带四＋联网卡"模式，简单来说就是一家荣昌洗衣店周围设立四个收衣点，用户只需要一张联网卡就能在所有门店使用。用户可以在线购买联网卡，而收衣点的存在方便了用户，这种模式使荣昌洗衣的用户量剧增。

"一带四＋联网卡"模式可以说是PC时代的一个无奈之举，当移动互联网时代全面到来之后，张荣耀感觉机会来了。移动互联网的"点对点"特征刚好符合张荣耀对洗衣B2C模式的期盼。

e袋洗是"一带四＋联网卡"模式后的二次转型，当产品上线之后，张荣耀心里的一块石头总算落地了。十多年来，张荣耀无时无刻不在为传统的洗衣行业担忧，"如果不改革，传统洗衣业早晚会活不下去"，他表示。

e袋洗服务流程清晰，商业模式简洁，所有服务都是上门收衣送衣，平台保障48分钟内取衣，72小时内送回，运费全免。收衣员会送用户一个帆布袋，无论用户装多少衣服，一袋的洗衣价格都是99元。另外，如果用户要洗的衣服比较少，还可以选择按件清洗。

由于e袋洗采用按袋计费的模式，所以用户装的越多越实惠，e袋洗也十分鼓励用户多装衣服，他们每月还会发起"袋王传说"活动。所谓"袋王"，就是当月一个袋子装衣服最多的用户，曾经的一位袋王装了134条丝巾，袋王不仅可以免费洗衣，更可获得iPad mini等额外礼品，因此，袋王们都会乐于在朋友圈向朋友分享，这也为e袋洗做了很好的宣传。

随着e袋洗不断进入更多的城市，其对物流人员的需求也越来越大，但陆文勇认为，未来拥有几万、几十万员工的公司会越来越少，甚至消失，所以打造全部全职物流队伍将不利于发展，e袋洗的解决方案是推出众包和小区管家的物流模式。众包和小区管家模式为招募社区业主作为e袋洗物流人员，负责本社区的衣物取送工作。这种模式推出之后非常受欢迎，很多人以兼职的方式参与进来，他们时间宽裕，并且像这样不用出小区还能获得不错收入的工作非常有吸引力。

尽管已经稳坐洗衣行业老大的位置，但张荣耀并未满足。2015年11月底，e袋洗推出母品牌"小e管家"（如图8-4所示），提供小e管洗、小e管饭、小e管修、小e管玩、小e管送等家政服务。

图8-4 小e管家业务范围

张荣耀早就表示，"未来肯定不只是洗衣服"，在社区家庭服务领域，他看到无限的可能，"未来，你和你的邻居阿姨共享厨房，你去上班，她可以帮你看孩子，下班后你可以帮她从市场上带一些菜"，e袋洗已经为用户描绘了一个"黄发垂髫，怡然自得"的桃花源。

分清自身长短，持续发展

e袋洗所处的洗衣行业有以下两个优势：

1. 洗衣是一个好品类

在分享经济的所有品类中，洗衣是一个覆盖面很广的行业，可以和外卖、打车相提并论。另外，洗衣行业的特点是客单价高、高频、利润空间大。

2. 服务+加工业

实际上，洗衣并不是一个单纯依靠人力的服务，它结合了传统的加工业和服务业的特性，这点保障了e袋洗的供给充分。像其他家政服务行业，比较强调手艺，比如上门按摩、上门美甲、上门家教等，一旦出现供给不足就会导致很差的用户体验,另外它们也不具备规模化效应的可能性。而洗衣依赖的是洗衣机,可以有效地在控制成本的基础上完成规模化发展。

但是,洗衣行业的一些硬伤也不可忽略。

首先,洗衣机已经是非常普遍的家用电器,一般的洗衣需求基本可以满足,需要e袋洗服务的家庭往往会特别注重洗衣的质量,所以从这点上来看,洗衣要想成为与外卖和打车比肩的行业有一定的差距。

其次,传统洗衣行业的问题在线上被放大。从洗染行业的统计数据来看,洗衣投诉率是千分之五,而e袋洗千分之一的投诉率已经明显低于行业平均水平,但是由于订单量大,所以看起来e袋洗的投诉还是挺多的。陆文勇曾经公开解释过e袋洗屡遭投诉的问题,称e袋洗出现的投诉问题基本上都是传统洗衣店本身存在的问题,比如市面上很多服装标识都没有标示出正确的清洗方式,而假冒服饰在清洗时更容易出现问题等。对于洗衣过程出现的问题,e袋洗会以最快的速度找到相关订单,并积极处理,解决消费者的问题。

分享经济启示录

> 以传统洗衣起家,在每一个时代转折的路口积极转型,如今,荣昌e袋洗已经成长为一家"独角兽"企业。当迎来分享经济这个新风口后,e袋洗瞄准邻里互助的分享经济,并以洗衣业为中心不断延伸其商业逻辑。

8.3 阿姨帮：帮你找到满意的私人小时工

阿姨帮是一款基于位置服务的家政服务应用，由北京智诚永拓信息技术有限公司开发并运营。在阿姨帮上，用户可以找到阿姨为自己的家庭做日常保洁、洗护服务、家电清洗以及家居保养等，在年轻的都市白领群体中非常受欢迎。

阿姨帮成立的时间并不长，2013年7月产品才开始上线，生来逢时的阿姨帮把握住了机遇，凭借标准化服务体系、32项立体化保洁服务以及便捷的APP一键下单、智能匹配等优势赢得了用户和业界的良好口碑，成为家政O2O的代表企业。

2014年10月，阿姨帮完成数千万美元B轮融资，由祥峰投资领投，顺为基金、策源基金跟投。不过，随着58同城这样的大平台相继切入家政O2O领域，阿姨帮也迎来了新的挑战。

一个男人成立的"阿姨帮"

阿姨帮的创始人叫万勇，2007年，万勇进入的第一家公司是中国雅虎，他主要负责雅虎助手和浏览器工具条平台的开发工作。随后，万勇跳槽到搜狗，负责浏览器方面的工作。2010年，万勇加入到360，依然是负责浏览器方面的工作。这期间，中国互联网还处于PC端的时代，各家互联网公司都聚集着一批IT精英，万勇就是其中之一。

一本书读懂 *分享经济*

2013年以后，本地生活服务的市场规模和热度增势明显，打车软件的火爆就是最好的证明。但是，家政领域却没有出现一家像Uber那样叫得上名字的公司，这让万勇感觉到了其中蕴藏的机会。

5月底，万勇辞去了360浏览器产品总监的职位，打算自己出来干点事情。与此同时，他老家的亲戚陆续来北京打工，万勇在帮她们找工作的过程中发现，传统的家政公司抽成比例很高，这对她们来说很不公平，她们本来就是赚的辛苦钱，还要被中介拿走一部分。另外，自己的同事、朋友很多都有小时工的需求，他想，如果自己开发一款产品来为他们牵线，不就两全其美了吗？

由于有着几年互联网公司产品开发的经验，万勇很轻松地写了一个小程序，这个程序能让用户在手机上找到附近的阿姨，还添加了收藏、预约以及评价功能。不过这只是产品的原型，万勇用了两个多月的时间才将产品完善，最后以"阿姨帮"为名称推出。

阿姨帮在成立初期就获得了雷军的看好。在朋友的引荐下，万勇见到了顺为资本的创始合伙人雷军，出乎意料的是雷军对这个还处于初始阶段的家政服务产品给予了很大肯定。7月，顺为资本向阿姨帮投资了数百万人民币。

产品有了，接下来的问题就是如何找阿姨并让她们学会使用阿姨帮。万勇从三个渠道招聘兼职阿姨：采用贴海报的地推模式；线上招聘；阿姨之间相互推荐。阿姨帮专门成立了一套培训体系，为新入职的阿姨做培训，让阿姨掌握从接单、联系用户到完成服务查看评价整个使用过程。

图8-5　阿姨帮家政服务种类界面

阿姨帮不仅能提供服务，更强调标准化、品牌化。阿姨帮平台上的阿姨要求统一着装、配备工具，服务标准和价格体系也是标准化的，从阿姨一进门到完成服务离开，阿姨的沟通方式、服务态度、服务质量和时间管控都经过严格培训。

在两年多的时间里，阿姨帮的业务慢慢趋于稳定增长，并且业务也拓展到了上海和成都等14个城市，业务种类也从单一的保洁扩充到干洗、维修、搬家等十几项服务（如图8-5所示）。阿姨帮推出衣物干洗、鞋具洗护等短时高频服务，可以让顾客直接享受线下干洗店的折扣价。

新时代的家政阿姨

阿姨帮是一家以阿姨为中心的移动家政服务公司，在公司创始人万勇看来，劳动者最光荣的观念走到哪里都是正确的。阿姨通过付出劳动获得报酬，而阿姨帮希望为她们赢得应有的价值与尊严。

无论走到哪里，万勇都会强调阿姨帮和阿姨的情感在业界里是最棒的，这种感情来自骨子里，因为从创业的那天起万勇就怀揣着这种感情。可能普通人认为阿姨每个月挣三四千块钱就可以了，但在阿姨帮没有人这么想，阿姨帮对阿姨进行培训，让她们成长，更重要的意义是让她们的收入可以增加。万勇透露，在阿姨帮，已经有阿姨月薪过万了，还有的阿姨从普通的家政服务人员变成了阿姨帮的培训者，这是阿姨的职业发展。

未来，阿姨或许可以成为社区移动互联网的新入口，现代人越来越忙，"懒人"也越来越多，请阿姨做家务是一个趋势，像做保洁、洗衣服、做饭、带小孩等都是阿姨可以提供的服务，同时每个阿姨还可以是一个物流，或者是一个销售，比如客户需要买什么东西，阿姨可以代买。"时代发展很快，未来五年之后并非不可能实现"，万勇表示。

分享经济启示录

阿姨帮以保洁服务为基础，不断发展成为一家可以预约日常保洁、新居开荒、家电清洗、家具保养、衣物干洗、鞋具洗护服务的移动家政服务平台，基于位置服务为用户找一个附近的阿姨，智能匹配，"宽进严出"，让家政服务行业焕然一新。另外，阿姨帮还是一个不断创新的平台，定期上线新的业务，不用任何广告就能取得很好的推广效果，赢得了很好的口碑。现在，已经拥有数万名阿姨的阿姨帮掌握了丰富的资源，这些资源足够敲开分享经济时代的大门。

8.4 Moveline：按需帮助的搬家公司

现在，租房一族越来越多，搬家也成了一项需求量巨大的家政服务。现有的搬家公司往往很难让用户满意，很多不靠谱的搬家公司让用户在选择的时候就非常头疼：价格不透明，质量无保障，搬一次家耗时又费力。美国创业公司Moveline（如图8-6所示）给搬家设计了一个很有创意的解决方案：用手机录制视频记录下家里的情况，让搬家公司了解情况之后计算好价格报给用户，用户再选择是否成单。

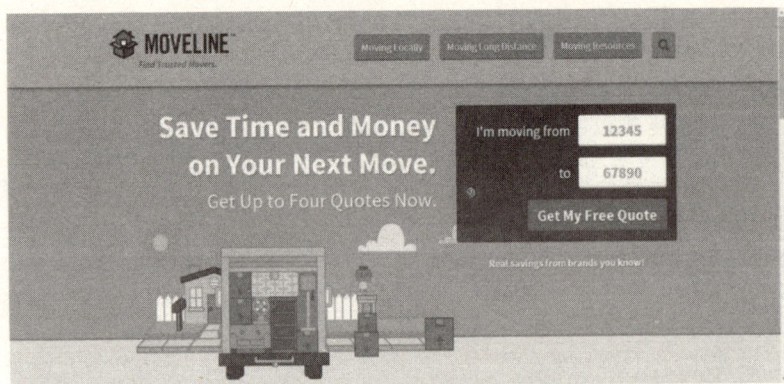

图8-6　Moveline网站首页

Moveline的搬家模式为用户带来了极大的便利。首先，用户在搬家时很难判断自己是需要一辆面包车还是一辆更大的厢式货车，也不知道需要准备多少纸箱，搬家公司通过视频了解物品情况之后，可以有针对性地派出搬运队伍，避免发生浪费或运力不足的现象；其次，因为同时有很多搬家公司会看到用户的视频，并各自给出价格，用户搬家的成本就被降了下来。

Moveline的出现让搬家服务变得更加透明，消费者不再任人宰割，还可以对搬家公司的服务进行评价和打分，作为其他用户参考的依据。随着搬家公司的不断加入，Moveline对搬家公司的审查也越来越严格，除了考虑到避免用户在搬家过程中遭受损失，还强调保护用户的隐私安全。

在顶尖孵化器中千锤百炼

Moveline于2011年底正式上线，由弗雷德里克·库克和凯莉·艾德森（如图8-7所示）共同开发，它最先发布在苹果的iOS系统上，主要是为了方便需要搬家的人。随后，库克和艾德森带着他们的项目成功申请了美国著名的创业孵化器TechStars培训资格。TeckStars创始人兼CEO大卫·科恩担任了Moveline的顾问，因为他十分看好Moveline的商业理念。对于创业者来说，进入TechStars就意味着可以获得顶尖的创业资源。

图8-7　Moveline创始人凯莉·艾德森（左）和弗雷德里克·库克（右）

在TechStars，库克和艾德森获得了很多和不同团队之间交流互动的机会，各个创业团队通过共享办公区域，可以随时切磋讨论，相互学习、互通信息、共同进步。为了避免类似企业或产品的恶性竞争，TechStars还会将同行业的创业团队分配到不同的城市不同的班级进行孵化。

库克和艾德森在TechStars度过了非常有意义的三个月孵化期，在系统的学习计划培训之下，他们掌握了培养目标消费群体以及如何完善产品和服务的方法，最后还练习了如何向投资人展示自己的项目以争取投资的技巧。

2012年6月，库克和艾德森从TechStars顺利毕业，他们的产品Moveline也有了新的改变。最初，Moveline以B2B服务为主，帮助搬家公司互相交换各种设备。但嗅觉灵敏的库克很快就从消费群体中看到了商机。"现在的搬家模式与50年前的相比几乎没有差别，这在网络和科技十分发达的今天看起来太不正常了"，库克表示。因此，他巧妙地利用了手机摄像的功能，用户先对家庭状况摄像，然后程序会自动分析建立物品清单，这些清单被发送到与Moveline合作的搬家服务公司，开始预约搬家。Moveline的这项服务已经在纽约开通并取得了不错的发展势头。

2013年，Moveline获得了150万美元的种子资金，CEO库克表示，获得的资金将被用来向其他城市扩展业务以及招募员工和改善产品。

在家政服务领域，搬家是一项"大活"，房主基本上都会找搬家公司帮忙。但传统的搬家公司大部分都是小作坊的运作模式，容易出现漫天要价、欺骗消费者的现象。Moveline在网络上把搬家公司聚集到一起，当有订单进来的时候，各公司通过报价公平竞争。长此以往，搬家行业必将更加规范。

8.5 猪八戒：中国领先的服务众包体系

猪八戒网（如图8-8所示）是中国领先的服务众包平台，从2006年成立至今已经有十年的历史，十年间猪八戒网致力于服务交易，将传统的服务模式完全颠覆。如果你有任务想找人做，比如为公司设计一个logo，可以发布到猪八戒网，佣金远低于设计公司开出的价格。另外，如果你有才能、有智慧，也可以找任务做，合格了就能得到奖金。总之，猪八戒网可以让用户将自己的知识、智慧、创意等转化为实际的收入，而有创意设计、文案策划需求的人也可以在这里找到他们需要的服务。

图8-8 猪八戒网站首页

现在，猪八戒网已经拥有540多万注册用户，成功完成的交易达45万次，总交易金额达5.1亿元。2015年6月15日，猪八戒网宣布完成C轮融资，融资金额高达26亿元人民币，公司估值破百亿。这条消息在业界可谓石破天惊，要知道，在一年前，猪八戒网的估值还不到现在的十分之一。

用十年的时间守"猪"待兔

在互联网创业的所有领域中，猪八戒网所属的服务性众包行业并非热门领域，因为它所提供的服务不仅是非标准的，而且还很低频，可以说这是一个非常黑暗的创业地带，让公司活下来已经实属不易，更不用说估值百亿了。但这一切在分享经济时代发生了变化，因为每个人都有自己的创意或想法，猪八戒网可以把这些创意或想法变成真金白银，在过去这实在是不敢想象的事。

或许就连猪八戒网的创始人朱明跃都没有想到自己能站到这个风口之上，这个在公司内部被称为"二师兄"的CEO足足熬了十年，经历了七次伤筋动骨的内部改革，才让自己的公司成功飞起来。

朱明跃以前是一个首席记者，后来辞去了首席记者的职位，全身心地投入互联网创业事业上。实际上，在朱明跃辞职的时候，猪八戒网作为个人网站已经以论坛的形式测试运营了一段时间，2016年10月，猪八戒网开始商业化运营。

十一年的时间不算短，在互联网行业里更是可以用漫长来形容，当然，十一年的磨砺也让朱明跃有了实质的改变。

从记者向产品经理的转变

朱明跃经常形容记者为"甲方中的甲方"，并自认为极度缺乏用户思维。但是互联网创业离不开产品，不把八年的记者经历忘掉就永远都是个外行，成为一个产品经理就成了朱明跃创业的第一步。据朱明跃自己透露，猪八戒网的七次产品大改造都是由自己主导，但每一次都不理想，甚至还把几个高管给改革走了。每一次，朱明跃都会有用一篇文章记录下这段经历的冲动，因为八年的记者生涯已经让他养成了习惯。朱明跃告诉自己，"不要写，我现在是产品经理"，然后就一头扎进产品研发中去，从线框图到设计、交互，每一步都围着设计师一起做。现在，朱明跃可以非常自信地说："我就是一个合格的产品经理。"而对于猪八戒网用户的痛点，朱明跃一语道破：第一是要便宜，第二就是要一条龙服务。猪八戒的用户一定不会花很多钱做品牌，而可以提供服务的用户也基本不会做出完美的方案，但他们也不挑活，能解决最眼前的问题。另外，猪八戒网上的设计服务基本上是非专业买家提出的，也就是所谓的"小白用户"，针对这样的用户，只要求留电话、标题和需求，剩下全部由猪八戒网来负责。

掌握"弱肉强食"法则下的生存技能

要想让自己活下去，必须打败同行对手，最低要求是不能被对手打败。为了打败对手，朱明跃启动了相对竞争战略，要求力争胜过三四十家竞争对手，包括成立最早的也是最大的K68，以及时间财富、一品威客等。猪八戒网想第一个超过的目标就是K68，因为它的交易额、用户数是最多的。猪八戒网就主攻这两个数据，团队每次取得一定的成绩，就当天兑现奖励。九个月之后，猪八戒网的数据实现了超越。再后来，朱明跃把相对竞争战略的对手变成了自己。

现金流管控

朱明跃在2007年拿到第一笔投资，金额大概是500万元人民币。对于一般的创业公司，这500万不出两年就会用完，而朱明跃足足用了四年，很多人调侃他说"你这不是在创业，而是在理财"。但朱明跃很清楚现金流对创业公司的重要性，因此，他在这方面下了很大功夫。猪八戒网的每一笔交易都要求用户把赏金先打进来，形成资金沉淀，保证现金永远在那儿。流量也重要，但如果只考虑增加流量，忽略核算商业模式的话，那么现金流断裂的概率很高。猪八戒网在产品消化能力没有成熟前选择明哲保身，而很多对手不懂得这一点，自己就把自己弄垮了。

创意服务的风口已经形成

在中国，智力、服务、知识产权等在很长时间内不被重视，现在，人们已经有了很强的知识产权意识，并且有关创意的服务已经在慢慢地形成一个风口。猪八戒网利用互联网的技术和思维，使服务端的半径大大延长，提升了效率。另外，猪八戒网的模式还使利益重新分配。传统设计行业里基本都是员工拿小头，公司拿大头，但是猪八戒网可以让设计师拿走大部分的设计费，只需要向平台支付20%的交易佣金。在获得26亿投资后，猪八戒网取消了20%的交易佣金收费模式（比稿、计件除外）。

取消佣金收入，对于网站的服务商和雇主来说是一个好消息。实际上，猪八戒网采用的二八佣金制从2013年开始就有了改变。它推出了会员制度，等级越高的会员佣金收取越低，例如银牌会员收取15%的佣金，金牌会员收取10%的佣金。

取消佣金，相当于让服务商在掘金之路上免去了"过路费"，自然赚到的钱也就更多了。对于猪八戒网来说，免佣可以大大提高服务商和雇主的积极性，从而吸引更多的用户。猪八戒网相当于用佣金收入的钱来做品牌推广，进一步增加品牌知名度。

现在的猪八戒可以用"不差钱"来形容，对于朱明跃来说，最重要的就是让"买东西上淘宝，买服务上猪八戒网"的口号深入人心。

猪八戒网用了十年的时间完成了规模上的原始积累和商业模式上的初步完善，专一和坚持是它走到今天的基础，创意服务共享是它能达到估值百亿的根本。分享经济的魅力就在于它不仅能调动闲置的物品、闲置的时间，还能调动闲置的灵感。

一本书读懂
分享经济